BEI GRIN MACHT SICH IHR WISSEN BEZAHLT

AF290773

- Wir veröffentlichen Ihre Hausarbeit,
  Bachelor- und Masterarbeit

- Ihr eigenes eBook und Buch -
  weltweit in allen wichtigen Shops

- Verdienen Sie an jedem Verkauf

Jetzt bei www.GRIN.com hochladen und kostenlos publizieren

Bibliografische Information der Deutschen Nationalbibliothek:

Bibliografische Information der Deutschen Nationalbibliothek: Die Deutsche
Bibliothek verzeichnet diese Publikation in der Deutschen Nationalbibliografie;
detaillierte bibliografische Daten sind im Internet über http://dnb.d-nb.de/ abrufbar.

Copyright © 1998 GRIN Verlag GmbH
Druck und Bindung: Books on Demand GmbH, Norderstedt Germany
ISBN: 9783867462907

http://www.examicus.de/e-book/185360/internet-als-neues-arbeitsmedium-implika-
tionen-fuer-das-marketing-eines

Matthias Link

Internet als neues Arbeitsmedium. Implikationen für das Marketing eines Steuerberaters

Examicus Verlag

Freie wissenschaftliche Arbeit
zur Erlangung des akademischen Grades
Diplom-Kaufmann Univ.

Internet als neues Arbeitsmedium - Implikationen für Marketing eines Steuerberaters

Lehrstuhl für Betriebswirtschaftslehre,
insbesondere Steuerlehre

Wirtschafts- und Sozialwissenschaftliche Fakultät
der Friedrich-Alexander-Universität Erlangen-Nürnberg

von cand. rer. pol. Matthias Link

Nürnberg, den 16. März 1998

Inhaltsverzeichnis

Tabellen - und Abbildungsverzeichnis

Tabellen

Abbildungen

1. Themenstellung und Vorgehensweise

Das Internet als neues Arbeitsmedium bietet dem Steuerberater - in einer Zeit zunehmenden Wettbewerbs - neue Möglichkeiten, mit Mandanten und Nicht-Mandanten in Kontakt zu kommen. Eine davon besteht darin, die eigene Kanzlei im World Wide Web vorzustellen und damit Informationen einem breiten Publikum zugänglich zu machen. Um diese Präsentation erfolgreich zu gestalten, ist die Beachtung marketingwissenschaftlicher Gesichtspunkte unerläßlich.

Daneben sind auch berufsrechtliche Bestimmungen zu berücksichtigen: Die Freiheit zu werben ist für Steuerberater eingeschränkt; klare Regelungen bestehen jedoch nicht, was zu einer Rechtsunsicherheit führt. Es stellt sich somit die Frage, wie eine Kanzleivorstellung im Internet aussehen kann und darf.

Ziel der Arbeit ist es deshalb, Gestaltungshinweise für die Erstellung einer Kanzlei-Präsentation im WWW aufzuzeigen und in einem weiteren, praktischen Schritt beispielhaft für eine Musterkanzlei umzusetzen. Als Ergebnis werden drei Webseiten vorgestellt, die auch in digitalisierter Form auf Diskette im Anhang der Arbeit auf Seite 51 beiliegen.

Als Grundlage für die Ableitung der Gestaltungshinweise dienen wissenschaftliche Erkenntnisse des Marketings, die berufsrechtlichen Rahmenbedingungen und die Gegebenheiten des Internets. Dies führt zu folgender Vorgehensweise: Zunächst wird das Internet mit seinen Möglichkeiten zum Marketing vorgestellt, wobei die wichtigsten Dienste erklärt werden. Im weiteren Verlauf wird der Begriff der Steuerberater-Dienstleistung analysiert. Dessen Inhalt stellt die Ausgangsbasis für das Marketing dar, das anschließend erörtert wird. Hierbei werden Ziele, Probleme und Mittel des Marketings für den steuerberatenden Beruf erläutert. Zunächst soll berücksichtigt werden, daß das Marketing für den Steuerberater nicht uneingeschränkt möglich ist; danach werden mit Hilfe des Fachwissens konkrete Gestaltungshinweise für eine Kanzlei-Homepage vorgestellt. Hierbei sollen nicht nur Vorschläge für die graphische Aufbereitung der Seiten gemacht werden, sondern auch mögliche inhaltliche Aspekte behandelt werden. Die Ergebnisse werden teilweise in der Internetpräsentation der Musterkanzlei des Steuerberaters Max Mustermann verwirklicht. Nach diesem praktischen Teil erfolgt am Schluß der Arbeit eine Beurteilung des Nutzens des Internet-Engagements.

2. Das Internet

2.1. Aufbau und Geschichte

Das Internet ist ein internationales Geflecht von Computernetzwerken, das über Standleitungen, Satellitenverbindungen oder Telefonwählverbindungen miteinander verbunden ist.[1] Über einen Personalcomputer oder ein Computerterminal kann man Zugang zu dem Netz erhalten und mit Hilfe entsprechender Kommunikationssoftware mit anderen Teilnehmern Daten austauschen.[2] Dazu existiert ein einheitliches Protokoll,[3] das es erlaubt, daß verschiedene Rechner mit verschiedenen Systemen problemlos kommunizieren können.[4] Das Internet ist in den letzten Jahren sehr stark gewachsen und bietet eine bisher so nicht dagewesene Möglichkeit der Kommunikation.[5]

Seine Anfänge hatte das heutige Internet im Jahr 1969. Damals wurden die ersten vier Universitäts-Computerzentren im ARPANET[6] vernetzt.[7] Aus diesem Netz, das anfangs nur für die Computerforschung und technische Projekte genutzt wurde, ging später das Internet hervor.[8] Heute gibt es nach Schätzungen allein in Deutschland ca. 4 Millionen Internetnutzer.[9]

Das zunächst also vornehmlich von Wissenschaftlern verwendete Netz wurde in den letzten Jahren immer stärker auch zu kommerziellen Zwecken genutzt.[10] Eine große Anzahl von Unternehmen ist bereits im Internet vertreten, um sich selbst und ihre Produkte auf diesem Wege darzustellen.[11]

Auch dem Steuerberater bietet das Internet neue Möglichkeiten der Kommunikation. Zum einen kann er dort Informationen beschaffen und zum anderen kann er selbst

---

[1] Vgl. Roll, O., Marketing, 1996, S. 11.
[2] Vgl. Gates, B., Der Weg, 1995, S. 425.
[3] TCP/IP: Transmission Control Protocol/Internet Protocol.
  Unter einem Protokoll versteht man Konventionen und Regeln über den Austausch von Informationen zwischen Kommunikationspartnern.
[4] Vgl. RRZN Hannover, Internet, 1996, S. 15.
[5] Vgl. RRZN Hannover, Internet, 1996, S. 13.
[6] Das ARPANET (Advanced Research Project Agency Net) hat seine Wurzeln im mi-litärischen Bereich, vgl. Gates, B., Der Weg, 1995, S. 426.
[7] Vgl. Musch, J., Geschichte, 1996, WWW-Dokument.
[8] Vgl. Gates, B., Der Weg, 1995, S. 146.
[9] Vgl. o.V., ZD Internet Professionell, Februar 1998, S. 11.
[10] Vgl. Pestke, A., Stbg 1996, S. 227.
[11] Vgl. Meisel, B.S./Scheurer, S., INF 1998, S. 53.

Informationen verbreiten, das Internet also als Marketing-Instrument einsetzen.[12] Im folgenden werden die wichtigsten Dienste des Internets vorgestellt, mit deren Hilfe der Steuerberater Informationen verbreiten kann.

2.2. Möglichkeiten des Marketings in verschiedenen Diensten

Zu den am häufigsten genutzten Diensten gehören das World Wide Web mit seiner graphischen Benutzeroberfläche, die elektronische Post (E-Mail) und das Usenet mit einigen tausend Diskussionsforen. Außerdem gibt es noch einige weniger bekannte Dienste wie Telnet und Internet Relay Chat (IRC), die jedoch für das Marketing des Steuerberaters eine geringere Rolle spielen, da sie wesentlich seltener genutzt werden.[13] Ein besonderes Augenmerk soll im folgenden auf das World Wide Web gelegt werden, da dieser Dienst für die Gestaltung einer Kanzlei-Homepage die größte Bedeutung hat.

2.2.1. World Wide Web

Das World Wide Web, auch WWW oder kurz W3 genannt, ist kein Synonym für das Internet.[14] Es ist ein interaktives Hypermedia-Informationssystem,[15] das über das gan-ze Internet verteilt ist.[16] Darin stehen eine Vielzahl von Dateien zur Verfügung, die Schrift und Grafik, Ton- und Videosequenzen enthalten können. Diese Dateien wer-den auch „Seiten" genannt.

Diese Seiten sind in einem einheitlichen Format (HTML[17]) geschrieben und können mit Hilfe eines Browsers auf dem Bildschirm dargestellt werden. Die beiden bekanntesten Browser werden von Netscape (Navigator) und Microsoft (Internet Explorer) angeboten.[18]

Jeder Seite des World Wide Webs ist eine spezifische Adresse (URL[19]) zugeordnet.[20] Sie besteht aus der Angabe des Protokolls,[21] dem Rechnernamen[22] und optional

---

[12] Vgl. Clasen, R./Wallbrecht, D.U./Ossola-Haring, C., Internet, 1997, S. 8.

[13] Vgl. Back-Hock, A./Wagner, J., DSWR 1996, S. 79.

[14] Vgl. Clasen, R./Wallbrecht, D.U./Ossola-Haring, C., Internet, 1997, S. 113.

[15] „Hypermedia bezeichnet die Verbindung von Schrift, Grafik, Ton und Video in einem interaktiven Dokument", in: RRZN Hannover, Internet, 1996, S. 235.

[16] Vgl. RRZN Hannover, Internet, 1996, S. 111.

[17] Hyper Text Markup Language (Seitenbeschreibungssprache).

[18] Vgl. Wortmann, T., com! 12/1997, S. 39.

[19] Uniform Resource Locator.

[20] Vgl. Schwalm, T., Domain, 1997, S. 19.

einem Verzeichnis- oder Dokumentennamen auf diesem Rechner.[23] Durch Aufruf dieser Adresse mit Hilfe eines Browser wird das entsprechende Dokument auf den eigenen Computer übertragen. Die Dauer dieses Vorgangs ist abhängig von der Größe der Datei und der aktuellen Auslastung des Netzes bzw. der Zugriffszeit des Rechners;[24] die Bereitstellung der Daten kann innerhalb von Sekundenbruchteilen geschehen, aber auch einige Minuten in Anspruch nehmen.

Die Seitenbeschreibungssprache ermöglicht es, daß von einer Seite Verweise (Hyperlinks[25]) auf andere Seiten gegeben werden. Durch Anklicken eines Hyperlinks mit der Maus kann man auf diese Weise von einer Seite zu einer anderen gelangen.[26]

Die erste Seite einer Unternehmenspräsentation wird „Homepage" genannt.[27] Diese enthält regelmäßig Hyperlinks zu weiteren Seiten des Unternehmens.

Der Steuerberater kann sich und sein Unternehmen im Rahmen des World Wide Webs auf einer oder mehreren Seiten vorstellen und sich so einer breiten Öffentlichkeit präsentieren.

Der Vorteil dieses interaktiven Mediums besteht darin, daß der Nutzer zum Dialog mit dem System aufgefordert wird. Dadurch ist das Involvement[28] bei einer Kanzlei-Homepage in der Regel höher als bei einer Praxisbroschüre auf Papier. Der erzielbare Lerneffekt ist größer.[29]

Mit weiteren marketingwissenschaftlich interessanten Merkmalen des Internets beschäftigt sich Kapitel sechs.

---

[21] Hyper Text Transmission Protocol (HTTP) ist ein Übertragungsprotokoll für das WWW.
[22] Domain-Name, z.B. www.wiso.uni-erlangen.de.
[23] Z.B. (http://www.wiso.uni-erlangen.de)/WiSo/BWI/SL/.
[24] Vgl. Lemay, L./Murphy, B.K., Web-Seiten, 1997, S. 67.
[25] Kurz: Link (= Verbindung), er enthält die URL des Zieldokumentes.
[26] Vgl. Klute, R., World Wide Web, 1996, S. 43.
[27] Vgl. Bruhn, M., Multimedia-Kommunikation, 1997, S. 13.
[28] Involvement kann als Engagement oder Ich-Beteiligung der Dienstleistungsnachfrager umschrieben werden, vgl. Kroeber-Riel, W./Weinberg, P., Konsumentenverhalten, 1996, S. 338.
[29] Vgl. Kroeber-Riel, W./Weinberg, P., Konsumentenverhalten, 1996, S. 338.

Bestandteil einer Unternehmenspräsentation im Internet sollte auch das Angebot sein, mit dem Steuerberater in Kontakt zu treten.[30] Geeignet ist hierzu die Nutzung von Electronic Mail.

2.2.2. Electronic Mail

Das Internet bietet die Möglichkeit, über Electronic Mail[31] Nachrichten an einen oder mehrere Empfänger zu übertragen.

Die abgesandten Nachrichten werden in elektronischen Briefkästen (Mailboxes) gespeichert. Der Empfänger kann die Daten dann einsehen, abspeichern und löschen. Manche E-Mail-Programme bieten darüber hinaus Möglichkeiten, Post nachzusenden, Durchschläge beizufügen, Empfangsbestätigungen anzufordern, Dateien anzuhängen und Nachrichten mit einem Texteditor zu bearbeiten.[32]

Eine E-Mail-Adresse setzt sich aus dem Namen des Empfängers oder einer anderen Zeichenfolge, dem "@"[33]und dem Domain-Namen[34] zusammen.[35] Sie sollte so gewählt werden, daß eine Identifikation des Absenders anhand der Adresse möglich ist, also seinen Namen tatsächlich enthalten.

Der Steuerberater kann dieses Mittel nutzen, um einzelnen oder mehreren Mandanten Nachrichten, beispielsweise die Mandantenrundschreiben, zu übermitteln. Allerdings sind die Daten während des Transports gefährdet; sie können von Unberechtigten eingesehen, verändert oder abgefangen werden.[36] Um dies zu verhindern, gibt es Verschlüsselungsprogramme (z.B. Pretty Good Privacy)[37] und es werden elektronische oder digitale Unterschriften eingesetzt.[38] Außerdem kann der Sender eine Bestätigung erhalten, wenn sein Dokument bei dem Adressaten einwandfrei angekommen ist.[39]

Natürlich bietet das System auch einem (potentiellen) Mandant die Möglichkeit, sich günstig und auf schnellem Wege mit dem Steuerberater in Verbindung zu setzen.

---

[30] Vgl. Rengelshausen, O., Werbung, 1997, S. 129.
[31] Kurz: E-Mail (elektronische Post).
[32] Vgl. Gates, B., Der Weg, 1995, S. 416.
[33] Gesprochen: at (englisch).
[34] name@domainname z.B. Mustermann@wiso.uni-erlangen.de.
[35] Vgl. Canter, L.A./Siegel, M.S., Profit, 1995, S. 120.
[36] Vgl. Pestke, A., Stbg 1996, S. 218.
[37] Vgl. Oelschlegel, H., DSWR 1996, S. 87.
[38] Siehe hierzu Jacob, J., Unterschrift, 1997, WWW-Dokument.

2.2.3. Andere Dienste

Die im folgenden aufgeführten Dienste sind für die Kanzleipräsentation im WWW von untergeordneter Bedeutung, bieten jedoch interessante Marketingmöglichkeiten, weshalb sie an dieser Stelle kurz erwähnt werden.

2.2.3.1. News

News stellt ein weltweites Diskussionsforum dar, vergleichbar mit einem schwarzen Brett oder einer Zeitung.[40] Jeder kann sich darin zu bestimmten Themen äußern, die in sogenannten News-Gruppen (Newsgroups), von denen es derzeit ca. 20.000 verschiedene gibt, erörtert werden.[41] Für Steuerberater sind solche Gruppen interessant, in denen steuerliche Themen behandelt werden.[42] Wird in einem solchen Rahmen ein steuerlicher Rat erbeten, kann sich der Steuerberater an der Diskussion beteiligen.[43] Wird ein zu klärender Sachverhalt sehr persönlich, sollte ein potentieller Mandant die Beratung jedoch besser in einem geschlossenen Rahmen führen; hierzu eignen sich beispielsweise die elektronische Post oder das Telefon.

2.2.3.2. Internet Relay Chat

Internet Relay Chat (IRC) unterscheidet sich von News-Gruppen in der Hinsicht, daß die Kommunikation mit den Teilnehmern online erfolgt. Die Tastatureingaben werden sofort übertragen.[44] Auch hier sind geschlossene Diskussionsgruppen möglich. Der Inhalt der Diskussionen bewegt sich teilweise jedoch auf einem relativ geringen Niveau,[45] so daß die Teilnahme an Newsgroups geeigneter scheint.

2.2.3.3. Mailing-Listen

Ein höheres Diskussionsniveau bieten üblicherweise auch Mailing-Listen-Diskussionen. Jeder Teilnehmer kann Beiträge zu einer bestimmten Mailbox schicken. Von dort werden die Beiträge automatisch an alle Teilnehmer der Diskussionsgruppe über

---

[39] Vgl. Pestke, A., Stbg 1996, S. 219.
[40] Vgl. RRZN Hannover, Internet, 1996, S. 99.
[41] Vgl. Müller, T.R., SteuerStud 1998, S. 7.
[42] Vgl. Back-Hock, A./Wagner, J., DSWR 1996, S. 79.
[43] Vgl. Kröger, D., Internet, 1998, S. 216; siehe hierzu auch Levinson, J.C., Marketing, 1996, S. 264.
[44] Vgl. Back-Hock, A./Wagner, J., DSWR 1996, S. 79.
[45] Vgl. RRZN Hannover, Internet, 1996, S. 146.

die elektronische Post geschickt.[46] Durch Einsatz eines Moderators, der die Beiträge noch vor der Weiterleitung an alle Teilnehmer liest - und bei Erfordernis zensiert - kann ein entsprechendes Diskussionsniveau gewahrt werden. Stark frequentierte Mailing-Listen haben den Nachteil, daß eventuell so viele Beiträge gesendet werden, daß sie nicht mehr von der eigenen Mailbox aufgenommen werden können.[47]

2.3. Nutzer des Internets

Für den Steuerberater ist es von großer Bedeutung, zu wissen, welche Zielgruppe er mit einer Homepage im Internet erreichen kann. Dazu existieren verschiedene Umfragen, wobei im deutschsprachigen Raum die W3B-Umfrage von Fittkau und Maaß am weitesten verbreitet ist. Sie wird seit Oktober 1995 in halbjährlichem Rhythmus über das WWW durchgeführt. Die Umfrage hat den Nachteil, daß daran tendenziell die erfahreneren und aktiveren Nutzer teilnehmen.[48] Dies wird daran deutlich, daß über 65 % der Teilnehmer das WWW nutzen, um Software herunterzuladen. Nach der letzten Umfrage vom 8. Oktober bis 17. November 1997 besitzen 69,8 % der Nutzer die allgemeine Hochschulreife.[49] Das Bildungsniveau ist also relativ hoch; aus amerikanischen Umfragen ist außerdem bekannt, daß die Internetnutzer ein überdurchschnittliches Einkommen erzielen.[50] Genutzt wird das Internet hauptsächlich dazu, aktuelle Informationen und Nachrichten abzurufen.[51]

Aus Tab. 1 ist zu ersehen, daß der Anteil der Studenten abnimmt, während der Anteil der Angestellten und Selbständigen - also der potentiellen Mandanten - wächst:

Tab. 1: Nutzer des Internets

	Oktober-November 1995	April-Mai 1996	Oktober-November 1996	April-Mai 1997	Oktober-November 1997
Teilnehmerzahl	1.880	3.012	7.445	16.229	16.403
Durchschnittsalter	29 Jahre	29 Jahre	30 Jahre	32 Jahre	33 Jahre
Geschlecht					
- weiblich	6,2 %	9,0 %	9,2 %	10,5 %	12,2 %

---

[46] Vgl. Roll, O., Marketing, 1996, S. 26.
[47] Vgl. RRZN Hannover, Internet, 1996, S. 95.
[48] Vgl. Batinic, B./Bosnjak, M./Breiter, A., M., Internetler, 1997, S. 199.
[49] Vgl. Fittkau, S./Maaß, H., Okt-Nov 1997, 1997, WWW-Dokument.
[50] Vgl. The Internet Agency, Trendanalyse, 1996, WWW-Dokument.
[51] Vgl. Fittkau, S./Maaß, H., Okt-Nov 1997, 1997, WWW-Dokument.

- männlich	93,8%	91,0%	90,8%	89,5%	87,8%
Beruf/Tätigkeit					
- Studenten und Doktoranden	48,2%	47,2%	34,9%	26,1%	20,3%
- Angestellte	32,6%	30,0%	36,4%	39,2%	44,0%
- Selbständige	8,7%	10,3%	12,7%	14,9%	16,7%
- Beamten	3,3%	3,4%	3,9%	5,0%	4,5%
- Schüler und Auszubildende	3,5%	5,0%	5,8%	7,7%	7,2%
- Sonstige	3,7%	4,1%	6,3%	7,1%	7,3%

Quellen: Fittkau, S./Maaß, H., Oktober-November 1995, 1997, WWW-Dokument
Fittkau, S./Maaß, H., April-Mai 1996, 1997, WWW-Dokument
Fittkau, S./Maaß, H., Oktober-November 1996, 1997, WWW-Dokument
Fittkau, S./Maaß, H., April-Mai 1997, 1997, WWW-Dokument
Fittkau, S./Maaß, H., Oktober-November 1997, 1997, WWW-Dokument

Die genaue Zahl der Internetnutzer läßt sich nicht ermitteln. Technisch schätzbar ist die Anzahl der Computer im Netzwerk (Hosts). An einen Host können mehrere Computer angeschlossen sein. So ist die durchschnittliche Benutzerzahl eines Hosts unbekannt. Schätzungen gehen von 3-10 Nutzern aus.[52] Bei Batinic/Bosnjak/Breiter wird ein entsprechender Faktor von 3,5-5 angegeben.[53] Daraus errechnen sich bei 1.162.484 gezählten Hosts in Deutschland im Februar 1998[54] zwischen 4,1 Mio. und 5,8 Mio. Personen mit Internetzugang.

---

[52] Vgl. DENIC, Fragen, 1998, WWW-Dokument.
[53] Vgl. Batinic, B./Bosnjak, M./Breiter, A.M., Internetler, 1997, S. 201.
[54] Vgl. DENIC, Wachstum, 1998, WWW-Dokument.

2.4. Wachstumsgeschwindigkeit und Potential

Das durchschnittliche monatliche Wachstum der Anzahl der Hosts in Deutschland betrug 1997 4,2 %.[55] Das bedeutet, daß die Zahl der Internetnutzer im Jahr 1997 um über 50 % gestiegen ist.[56] Im internationalen Vergleich waren die Kosten für Online-Aktivitäten in Deutschland bisher sehr hoch. Die Wachstumsgeschwindigkeit wird sich in Deutschland vermutlich aufgrund des Wegfalls des Telefonmonopols der Deutschen Telekom AG noch erhöhen.[57]

Da das Internet nicht auf Deutschland beschränkt ist, hat der Steuerberater die Möglichkeit, mit seiner WWW-Präsentation Mandanten in allen Teilen der Welt zu erreichen.

2.5. Probleme des Internet-Engagements

Eines der wesentlichsten Herausforderungen des WWW-Auftritts ist die Bekanntmachung und Auffindbarkeit der Kanzleipräsentation im WWW.[58] Geringe Besucherzahlen sorgen für Enttäuschungen bei Steuerberatern, die sich bereits im Internet engagieren.[59]

Schon die Wahl eines Domain-Namens sollte wohlüberlegt erfolgen. Mit einer URL nach folgendem Muster "www.kanzleiname.de" kann sichergestellt werden, daß bereits vorhandene Mandanten die Online-Adresse herleiten können.[60] Auch eine gängige Abkürzung ist empfehlenswert, sie muß jedoch aus mindestens 3 Zeichen bestehen.[61] Die URL sollte auf Briefköpfen, Rechnungen, Visitenkarten[62] und Anzeigen in Printmedien etc. zur Verbreitung plaziert werden.[63]

Durch Einträge in **einschlägige Verzeichnisse** und **Suchmaschinen** im Netz bestehen weitere Möglichkeiten, gefunden zu werden.[64] Es gibt hierbei zwei verschiedene Arten von **Suchmaschinen**,[65] wobei die eine selbst das Internet mit

---

[55] Siehe hierzu Abb. 9 auf S. 49 im Anhang.
[56] Siehe hierzu die Abbildungen 8 und 9 auf S. 49 im Anhang.
[57] Vgl. Werner, A./Stephan, R., Marketing-Instrument, 1997, S. 60.
[58] Vgl. Werner, A./Stephan, R., Marketing-Instrument, 1997, S. 113.
[59] Stimmen beim DATEV PC-Club vom 09.02.1998 in Leinfelden-Echterdingen.
[60] Vgl. Werner, A./Stephan, R., Marketing-Instrument, 1997, S. 115.
[61] Vgl. Schwalm, T., Domain, 1997, S. 22.
[62] Vgl. Levinson, J.C., Marketing, 1996, S. 267.
[63] Vgl. Roll, O., Marketing, 1996, S. 142.
[64] Vgl. Dreyer, W., Online-Angebote, 1996, S. 195.
[65] Vgl. Fuzinski, A.D.U./Meyer, C., Marketing, 1997, S. 218.

Hilfe von "Robots" oder "Spiders"[66] nach neuen Seiten durchsucht und in die Datenbank aufnimmt. Der Eintrag in diese Verzeichnisse (z.B. Alta Vista; http://www.altavista.digital.com) erfolgt also automatisch.[67] Um in andere Suchmaschinen (z.B. Yahoo; http://www.yahoo .com) aufgenommen zu werden, müssen die Seiten bei dem Betreiber der Suchmaschine angemeldet werden.[68] Der Eintrag in möglichst viele Suchmaschinen ist empfehlenswert, da sich damit die Chance erhöht, gefunden zu werden;[69] er ist meist kostenlos.[70]

Daneben existieren noch **einschlägige Verzeichnisse**. In diesen Datenbanken (z.B. http://www.steuerberater-suchservice.de) werden meist auch der Kanzleiort, Tätigkeitsgebiete und Branchen angegeben, auf die sich der Steuerberater spezialisiert hat. Der Internetnutzer kann nach diesen Kriterien einen Steuerberater suchen.[71] Der Eintrag muß den Anforderungen des § 14 BOStB genügen: Er "darf nicht reklamehaft sein und muß sich auf die sachlich erforderlichen Angaben beschränken"[72]; die entsprechende Datenbank muß allen Berufsangehörigen offenstehen (§ 14 I i.V.m. § 14 III BOStB).

Es besteht die Gefahr, daß Unberechtigte über das Internet in das Kanzleinetzwerk eindringen, um Daten einzusehen oder zu ändern.[73] Dieses Risiko kann durch den Einsatz geeigneter Paßwörter[74] und durch die Einrichtung einer sogenannten Brandmauer (firewall) - einem Computer, der dem eigenen Netzwerk vorgeschaltet ist und den Datenfluß überwacht - verringert werden.[75] Eine weitere Möglichkeit besteht darin, den Internet-PC nicht in das eigene Netzwerk einzubinden. Dies ist besonders dann zu empfehlen, wenn häufig Daten und Software aus dem Internet auf den eigenen PC geladen werden. Der regelmäßige Einsatz von Virenscannern ist empfehlenswert und risikomindernd,[76] ebenfalls die zyklische Datensicherung beispielsweise auf verschiedenen Streamer-Bändern.

---

[66] Robots und Spiders sind kleine Programme.

[67] Vgl. Fuzinski, A.D.U./Meyer, C., Marketing, 1997, S. 219.

[68] Vgl. Fuzinski, A.D.U./Meyer, C., Marketing, 1997, S. 218.

[69] Vgl. Fuzinski, A.D.U./Meyer, C., Marketing, 1997, S. 219.

[70] Vgl. Werner, A./Stephan, R., Marketing-Instrument, 1997, S. 118.

[71] Vgl. Pestke, A., Stbg 1997, S. 475.

[72] § 14 II i.V.m. § 14 III BOStB.

[73] Vgl. Clasen, R./Wallbrecht, D.U./Ossola-Haring, C., Internet, 1997, S. 30.

[74] Vgl. Krol, E., Internet, 1995, S. 52.

[75] Vgl. Riehm, T., NJW-CoR 1997, S. 337.

[76] Vgl. Oelschlegel, H., DSWR 1996, S. 87.

Ein größeres Problem stellt die Übermittlung von vertraulichen E-Mails dar. Der Schutz vor Manipulation ist trotz des Einsatzes einer digitalen Unterschrift oder Verwendung von Verschlüsselungsprogrammen nicht gewährleistet.[77]

3. Steuerberatung als Dienstleistung

Die Aufgaben des Steuerberaters[78] werden in der Literatur gemeinhin als Dienstleistung klassifiziert.[79] Eine Abgrenzung des Begriffs "Dienstleistung" stellt bis heute eine Herausforderung dar; innerhalb der Wirtschaftswissenschaften existiert keine Definition, die allgemein anerkannt ist.[80]

3.1. Die drei Dimensionen einer Dienstleistung

Die verschiedenen Dienstleistungsdefinitionen setzen an den „drei Dimensionen einer Leistung"[81] an.

Das **Dienstleistungsergebnis** ist das Resultat einer abgeschlossenen Tätigkeit und sollte dazu dienen, dem Nachfrager einen Nutzen zu stiften.[82]

Der **Dienstleistungserstellungsprozeß** wird charakterisiert durch die „Integration der internen und gegebenenfalls externen Produktionsfaktoren in einen Produktionsprozeß, der durch die Aktivierung des Leistungspotentials ausgelöst wird"[83].

Das **Dienstleistungspotential** wird beschrieben als das „Ergebnis einer Kombination interner Produktionsfaktoren mit dem Zweck, die Leistungsfähigkeit und -bereitschaft des Dienstleistungsanbieters herzustellen bzw. aufrechtzuerhalten"[84].

Dienstleistungsdefinitionen entstehen nun, indem eine oder mehrere Leistungsdimensionen mit sogenannten konstitutiven Merkmalen verknüpft werden.[85]

---

[77] Vgl. Pestke, A., Stbg 1996, S. 218.
[78] Siehe hierzu Bundessteuerberaterkammer, Anforderungsprofil, 1995, S. 4.
[79] Vgl. Rose, G., Beruf, 1989, S. 43.
[80] Vgl. Rück, H.R.G., Dienstleistungen, 1995, S. 3.
[81] Schmitz, G., Marketing, 1997, S. 10.
[82] Vgl. Engelhardt, W. H./Kleinaltenkamp, M./Reckenfelderbäumer, M., ZfbF 1993, S. 398.
[83] Schmitz, G., Marketing, 1997, S. 10.
[84] Rück, H.R.G., Dienstleistungen, 1995, S. 6.
[85] Vgl. Meffert, H., DBW 1994, S. 521.

3.2. Die als konstitutiv erachteten Merkmale

Ein konstitutives Merkmal soll für jede Dienstleistung gleichermaßen gültig sein und das Wesen einer Dienstleistung bestimmen. Bei Abwesenheit des Merkmals soll keine Dienstleistung vorliegen. Durch geeignete Merkmale könnte man also verschiedene Typen von Absatzobjekten[86] unterscheiden.[87]

Aufgrund der Einteilung der Wirtschaftsobjekte in Sach- und Dienstleistungen[88] wird versucht, materielle Produkte als Sachgüter von immateriellen Produkten als Dienstleistungen abzugrenzen.[89] Dieser Versuch setzt am Produkt bzw. Leistungsergebnis an und verknüpft dies mit dem als konstitutiv erachteten Merkmal **Immaterialität**; er ist jedoch umstritten.[90] Dies soll durch folgendes Beispiel verdeutlicht werden. Eine betriebswirtschaftliche Beratung gehört zu den klassischen Dienstleistungen. Wird das Ergebnis der Beratung in schriftlicher Form übergeben, hat das Produkt auch eine materielle Komponente.[91] Die Immaterialität des Leistungsergebnisses ist hier kein eindeutiges Merkmal. Der Materialwert des Beratungsberichts ist jedoch von untergeordneter Bedeutung.

Die **Integration eines externen Faktors** in den Leistungserstellungsprozeß ist ein weiteres Kennzeichen für eine Dienstleistung, das als conditio sine qua non betrachtet wird.[92] Der Steuerberater kann einen Jahresabschluß nur dann fertigen, wenn der Mandant, als externer Faktor, ihm die entsprechenden Arbeitsunterlagen, Informationen und Auskünfte liefert. Dies sollte „zum richtigen Zeitpunkt in ausreichender Menge und in der gewünschten Form"[93] geschehen.

Damit hängt ein weiteres Merkmal von Dienstleistungen zusammen: die „**Notwendigkeit eines synchronen Kontakts zwischen Kunde und Dienstleistungsanbieter**"[94] während der Leistungserstellung. Ein klassisches Beispiel dafür ist das Beratungsgespräch eines Steuerberaters mit seinem Mandanten. Gute Kommunikations-

---

[86] Dienstleistungen, Sach- und Nominalgüter.
[87] Vgl. Meffert, H., DBW 1994, S. 521.
[88] Vgl. Engelhardt, W.H./Kleinaltenkamp, M./Reckenfelderbäumer, M., ZfbF 1993, S. 395.
[89] Vgl. Rück, H.R.G., Dienstleistungen, 1995, S. 3.
[90] Vgl. Rück, H.R.G., Dienstleistungen, 1995, S. 3.
[91] Vgl. Rosada, M., Kundendienststrategien, 1990, S. 12.
[92] Vgl. Rück, H.R.G., Dienstleistungen, 1995, S. 15.
[93] Fließ, S., Interaktionsmuster, 1996, S. 3.
[94] Meffert, H., DBW 1994, S. 523.

möglichkeiten sind also ein wesentlicher Faktor zum Erfolg in der Geschäftsbeziehung. Diese können durch das Internet ergänzt werden.

Durch die große Unterschiedlichkeit der gestellten Aufgaben der einzelnen Mandanten sind die Problemlösungsmöglichkeiten oft sehr mandantenspezifisch und individuell, so daß eine Standardisierung von Lösungskonzepten teilweise nicht möglich ist.[95]

Das Wesen der Steuerberaterdienstleistungen führt dazu, daß sich das Marketing des Steuerberaters vom klassischen Konsumgüter-Marketing unterscheidet.[96]

4. Marketing eines Steuerberaters

4.1. Definition Dienstleistungsmarketing

Das Dienstleistungsmarketing als Teildisziplin des gesamten Marketingkonzeptes geht auf die Besonderheiten der oben beschriebenen Wesenszüge von Dienstleistungen ein.[97] Es umfaßt nach Meffert die „Planung, Koordination, Implementierung und Kontrolle aller auf die aktuellen und potentiellen Märkte ausgerichteten Dienstleistungsaktivitäten des Unternehmens einschließlich der sich daraus ableitenden internen Maßnahmen"[98]. Der Schwerpunkt der nachfolgenden Ausführungen liegt auf dem Teilbereich der Kommunikationspolitik.

4.2. Ziele des Marketings eines Steuerberaters

Der Steuerberater, der Marketing betreibt, versucht, sich am Mandanten zu orientieren, vom Mandanten her zu denken und Fragen aus Mandantensicht zu stellen und zu beantworten. Er sollte die Mandantenbedürfnisse kennen, sich darauf einstellen und sie befriedigen. Dadurch kann der Nutzen für den Mandanten erhöht werden. Es gilt, dies dem Mandanten zu verdeutlichen.[99]

---

[95] Vgl. Woratschek, H., Dienstleistungsbereich, 1996, S. 107.
[96] Vgl. Scharitzer, D., Produktgestaltung, 1995, S. 174.
[97] Vgl. Meffert, H., Dienstleistungsmarketing, 1995, Sp. 456.
[98] Meffert, H., Dienstleistungsmarketing, 1995, Sp. 456.
[99] Vgl. Kaas, K.P., DBW 1990, S. 541.

Die konkreten Marketingziele leiten sich aus den Unternehmenszielen ab. Man findet in der Literatur eine Vielzahl von Marketingzielen.[100] Im Rahmen der Kommunikationspolitik sind folgende Gesichtspunkte bedeutend:

4.2.1. Informationsvermittlung

Ein wichtiges Kommunikationsziel besteht darin, die Kanzlei und deren Dienstleistungsangebot im Zielsegment bekannt zu machen.[101] Dazu müssen Informationen vermittelt werden.[102]

Die Informationsvermittlung beim Steuerberater unterscheidet sich vom Sachgütermarketing dadurch, daß der Schwerpunkt der Kommunikation nicht auf dem Produkt liegt; der Grund ist darin zu finden, daß die Produkte des Steuerberaters einen großen immateriellen Anteil haben, meist individuell und schwer standardisierbar sind. Deshalb werden auch Informationen über das Dienstleistungspotential und den Erstellungsprozeß vermittelt. Dies bedeutet, daß beispielsweise auf die Qualifikation der Mitarbeiter, die Kanzleiausstattung oder die Kommunikationsmöglichkeiten hingewiesen wird.

Neben der reinen Informationsvermittlung muß der potentielle Mandant dahin geführt werden, auch den Nutzen des Angebotes für seine Bedürfnisse zu erkennen.[103]

Im Rahmen der Marketingstrategie ist es außerdem notwendig, daß sich der Steuerberater auf ein Zielsegment spezialisiert; dabei sollte der Steuerberater sowohl seinen Mandantenstamm als auch potentielle Mandanten im Blick haben.[104]

4.2.2. Einstellungsbeeinflussung

---

[100] Weis beispielsweise unterscheidet zwischen quantitativen und qualitativen Zielen. Quantitative Ziele sind u.a. Umsatz-, Gewinn-, und Wachstumsziele. Qualitative Ziele sind beispielsweise darauf ausgerichtet, Vertrauen, Bekanntheitsgrad und Image zu steigern. Mit Hilfe der qualitativen Ziele sollen letztendlich die quantitativen Ziele erreicht werden, vgl. Weis, H.C., Marketing, 1997, S. 24; siehe hierzu auch Meffert, H./Bruhn, M, Dienstleistungsmarketing, 1997, S. 139-141.

[101] Vgl. Wittsiepe, R., NWB 1996, S. 2113.

[102] Vgl. Scharitzer, D., der markt 1992, S. 6 und Weis, H.C., Marketing, 1997, S. 376 und 377.

[103] Vgl. Kaas, K.P., Informationsökonomik, 1995, Sp. 974.

[104] Vgl. Kröger, Internet, 1998, S. 56.

Ein weiteres Ziel ist die Einstellungsbeeinflussung.[105] Mit diesem Prozeß soll eine Einstellungsänderung einhergehen. Einstellungen werden in der Theorie des Käuferverhaltens eine große Bedeutung zugemessen.[106] Eine Einstellung ist die innere Bereitschaft, auf bestimmte Reize konsistent negativ oder positiv zu reagieren.[107]

Die Einstellung wird zunehmend mit dem Begriff "Image" gleichgesetzt.[108] Die Imagebildung ist ein klassisches Marketingziel[109] und spielt auch für den Steuerberater eine große Rolle.[110]

Positive Einstellungen gegenüber der Dienstleistung erhöhen mit zunehmender Stärke der Einstellung die Wahrscheinlichkeit eines Kaufes bzw. einer Inanspruchnahme.[111] Einstellungen werden vorwiegend durch bildliche oder sprachliche Kommunikation, durch Werbung oder persönliche Kontakte beeinflußt.[112] Eine Beeinflussung wird behindert durch Irritation und Reaktanz. Dabei entsteht Irritation, „wenn die Kommunikation als peinlich, dümmlich, aufdringlich usw. empfunden wird"[113]. Sie ist vor allem abhängig von der Gestaltung der Werbung und setzt die Beeinflussungswirkung herab.[114] Auf ähnliche Weise wirkt die Reaktanz. Sie entsteht, wenn eine Person eine Einschränkung oder Bedrohung ihrer Verhaltensfreiheit erkennt.[115]

Die Beziehung zwischen Einstellung und Verhalten ist jedoch in der Literatur umstritten. Nicht alle Autoren gehen davon aus, daß Einstellungen das Verhalten beeinflussen.[116]

---

[105] Vgl. Kroeber-Riel, W./Weinberg, P., Konsumentenverhalten, 1996, S. 211.
[106] Vgl. Müller-Hagedorn, L., Einstellung, 1992, S. 251.
[107] Vgl. Meffert, H., Marketingforschung, 1992, S. 55.
[108] Vgl. Müller-Hagedorn, L., Einstellung, 1992, S. 251.
[109] Vgl. Scharitzer, D., Produktgestaltung, 1995, S. 180.
[110] Vgl. Lutz, D., Marketing, 1995, S. 12.
[111] Vgl. Meffert, H., Marketingforschung, 1992, S. 55.
[112] Vgl. Kroeber-Riel, W./Weinberg, P., Konsumentenverhalten, 1996, S. 204.
[113] Kroeber-Riel, W./Weinberg, P., Konsumentenverhalten, 1996, S. 206.
[114] Vgl. Kroeber-Riel, W./Weinberg, P., Konsumentenverhalten, 1996, S. 206.
[115] Vgl. Kroeber-Riel, W./Weinberg, P., Konsumentenverhalten, 1996, S. 206.
[116] Vgl. Trommsdorff, V., Konsumentenverhalten, 1989, S. 128.

4.2.3. Handlungsaufforderung

Das Ziel der Informationsvermittlung und Einstellungsbeeinflussung sollte es sein, den potentiellen Nachfrager zu veranlassen, mit dem Steuerberater in Kontakt zu treten und seine Dienste in Anspruch zu nehmen.[117] Dies kann direkt[118] oder indirekt geschehen. Im ersten Fall wird der (mögliche) Mandant direkt zu dieser Handlung aufgefordert, im zweiten geschieht dies beispielsweise durch Nennung der Adresse oder eines Ansprechpartners.

Ein wesentliches Ziel des Steuerberatermarketings ist es, daß Mandanten ihren Steuerberater weiterempfehlen.[119] Der Mandant wird dies auch tun, wenn er mit seinem Steuerberater zufrieden ist. Kundenzufriedenheit herzustellen oder zu erhalten ist demnach ein wichtiges Ziel des Steuerberaters.[120]

4.3. Probleme des Marketings eines Steuerberaters

Die Produkte des Steuerberaters sind für Dienstleistungsempfänger schwer zu beurteilen. Nach der Klassifikation von Darby und Karni sind Güter und Dienstleistungen in Search, Experience und Credence Qualities einzuordnen.[121] Sachgüter zeichnen sich durch Search Qualities aus; das bedeutet, daß sie bereits vor dem Erwerb beurteilt werden können (z.B. Kleidung und Möbel). Einige Güter und Dienstleistungen lassen sich durch Experience Qualities auszeichnen. Sie sind erst während des Konsums oder danach beurteilbar (z.B. Restaurantessen und Friseur). Die Dienstleistungen des Steuerberaters fallen unter die dritte Gruppe; sie zählen zu den Credence Qualities. Diese Vertrauensgüter sind auch nach der Konsumtion nicht oder nur sehr schwer beurteilbar.[122] Aus diesem Grunde herrscht bei einem Leistungsnachfrager eine große Unsicherheit.[123] Diese Unsicherheit hat verschiedene Ursachen. Sie entsteht z.B. durch die asymmetrische Informationsverteilung zwischen Steuerberater und Mandant.[124] Für den Mandanten ist die

---

[117] Vgl. Scharitzer, D., der markt 1992, S. 6.

[118] Siehe hierzu LG Nürnberg-Fürth vom 12.02.1997, 3 O 33/97, INF 1997, S. 223 (223).

[119] Vgl. Meffert, H./Bruhn, M., Dienstleistungsmarketing, 1997, S. 352.

[120] Vgl. Meffert, H., Marketing, 1995, Sp. 1472.

[121] Vgl. Darby, M.R./Karni, E., The Journal of Law and Economics 1973, S. 68.

[122] Vgl. Zeithaml, V.A., Services, 1991, S. 40.

[123] Vgl. Hudel, W., Marketing, 1994, S. 44.

[124] Vgl. Kaas, K.P., DBW 1990, S. 542.

Steuerberatungsleistung nicht leicht zu überschauen und nur schwer zu verstehen.[125] Durch die Individualität, Verschiedenheit und Komplexität der Leistung ist ein Vergleich für den Leistungsempfänger kaum möglich.[126] Außerdem besitzen Beratungsleistungen gewöhnlich „keinen offenkundigen materiellen Vorteil"[127]. Da der Wert der Leistung nicht sichtbar ist und Erfahrungs- und Vergleichswerte oft fehlen, gehen Mandanten zudem meist davon aus, zuviel für die Leistung bezahlt zu haben.[128] Andererseits ist es auch für den Steuerberater schwierig, seine Dienstleistung, z.B. die Erstellung einer Einkommensteuererklärung, von der seiner Konkurrenten zu differenzieren.[129]

4.4. Mittel des Marketings

Die Aufgabe des Marketings besteht darin, die Unsicherheit des Mandanten abzubauen.[130] Dies kann auf unterschiedliche Art und Weise geschehen:

4.4.1. Vertrauensaufbau

Vertrauen reduziert die Unsicherheit[131] und wird von Schmitz als Schlüsselkonstrukt[132] für eine Geschäftsbeziehung beschrieben. Es „beruht auf spezifischem Wissen und bestimmten Überzeugungen"[133] und beinhaltet die Erwartung,[134] sich auf eine Person verlassen zu können.[135]

Es besteht ein Zusammenhang zwischen Vertrauen und Kommunikation: Kommunikation trägt zum Aufbau des Vertrauens bei, gleichzeitig vereinfacht Vertrauen die Kommunikation.[136]

---

[125] Vgl. Knief, P., Marktentwicklung, 1988, S. 16.

[126] Vgl. Knief, P., Marktentwicklung, 1988, S. 17.

[127] Meyer, A., DSWR 1990, S. 229.

[128] Vgl. Hudel, W., Marketing, 1994, S. 45.

[129] Vgl. Staffelbach, B., MARKETING ZFP 1988, S. 282.

[130] Vgl. Kaas, K.P., Informationsökonomik, 1995, Sp. 973.

[131] Vgl. Platzköster, M., Vertrauen, 1990, S. 44.

[132] Vgl. Schmitz, G., Marketing, 1997, S. 150.

[133] Schmitz, G., Marketing, 1997, S. 151.

[134] Definition von Vertrauen nach Schmitz: „Vertrauen in Geschäftsbeziehungen ist eine Einstellung gegenüber dem Geschäftspartner, die sich im Grad der subjektiv empfundenen Sicherheit bezüglich der Erwartung, daß der Geschäftspartner sich zukünftig zumindest nicht opportunistisch verhalten wird, äußert." In: Schmitz, G., Marketing, 1997, S. 159.

[135] Vgl. Platzköster, M., Vertrauen, 1990, S. 23.

[136] Vgl. Schmitz, G., Marketing, 1997, S. 76.

4.4.1.1. Kommunikation

Aufgrund empirischer Untersuchungen sind „wahrgenommene Integrität, Offenheit, Diskretion, Kompetenz, Konsistenz, Fairneß, Korrektheit und Zuverlässigkeit"[137] günstige Merkmale für das Entstehen von Vertrauen. Die Aufgabe des Steuerberaters besteht darin, dies dem Mandanten zu vermitteln.

Die Kompetenz des Steuerberaters beispielsweise ist ein nicht greifbarer Produktionsfaktor.[138] Es gilt, diese Eigenschaft für den Mandanten sichtbar zu machen. Dies ist möglich, indem der Steuerberater über Qualifikationen, besuchte Weiterbildungen und Schulungen berichtet.[139] Besser noch ist es, wenn der Steuerberater selbst Vorträge hält und in Fachzeitschriften – und auch im Internet – Publikationen herausgibt; dies zeigt sein Engagement und weckt Vertrauen in seine Kompetenz.[140]

Die Art und Weise, wie eine Dienstleistung präsentiert wird, ist für den Mandanten leichter zu beurteilen, als das Leistungsergebnis selbst.[141] So kann auch durch den Einsatz von neuen Medien beispielsweise bei einer Bilanzpräsentation oder durch eine gediegene technische Kanzleiausstattung oder die Präsenz im Internet die wahrgenommene Vertrauenswürdigkeit erhöht werden.[142] Der Mandant zieht also Ersatzindikatoren bei der Wahl des Dienstleisters zu Rate.[143] Der Steuerberater richtet sein Marketing deshalb nicht in erster Linie auf seine Produkte, sondern auf das Dienstleistungspotential, aus.

Die Betonung der eigenen Vertrauenswürdigkeit im Rahmen der Kommunikation erzeugt jedoch Mißtrauen. Vielmehr erfordert die Demonstration der Vertrauenswürdigkeit und die Unterstützung des Vertrauensaufbau-Prozesses eine „bewußte riskante Vorleistung (als Willensakt)"[144]. Dazu eignen sich beispielsweise Garantien.

---

[137] Schmitz, G., Marketing, 1997, S. 170.
[138] Vgl. Meyer, A., DSWR 1990, S. 229.
[139] Vgl. Kaas, K.P., DBW 1990, S. 541.
[140] Vgl. Lutz, D., Marketing, 1995, S. 30.
[141] Vgl. Hudel, W., Marketing, 1994, S. 45.
[142] Vgl. Schmitz, G., Marketing, 1997, S. 174.
[143] Vgl. Zeithaml, V.A., Services, 1991, S. 41.
[144] Schmitz, G., Marketing, 1997, S. 193; vgl. Luhmann, N., Vertrauen, 1989, S. 23.

4.4.1.2. Garantien

Freiwillige Garantien helfen, die Unsicherheit beim Mandanten zu mindern und gleichzeitig das Vertrauen zu erhöhen.[145] Sie müssen dabei so konzipiert sein, daß der Mandant im Eintrittsfall eine angemessene ausreichende Entschädigung erhält. Garantien sind dort einzusetzen, wo die Frustration des Mandanten in der Regel groß ist[146] oder Unsicherheit herrscht. Im Produktsortiment des Steuerberater sind jedoch nicht alle Dienstleistungen geeignet, mit einer Garantie belegt zu werden. Denkbar sind beispielsweise Zufriedenheitsgarantien bei betriebswirtschaftlicher Beratung. Wäre der Mandant mit der Beratung nicht zufrieden, würde das Entgelt für die Beratung nicht zu entrichten sein.

Garantien sind Qualitätssignale, da sie nur bei einem entsprechenden Qualitätsniveau für den Steuerberater wirtschaftlich tragbar sind.[147]

4.4.1.3. Empfehlungen Dritter

Ein sehr großer Teil der Neumandate kommt über die Empfehlungen zufriedener Mandanten.[148] Daher ist es äußerst wichtig, die bereits vorhandenen Mandanten zu veranlassen, die guten Erfahrungen mit der Kanzlei potentiellen Mandanten mitzuteilen und die Kanzlei weiterzuempfehlen. Negative Erfahrungen sollten mittels eines Beschwerdemanagement-Systems dem Steuerberater mitgeteilt werden können.

4.4.1.4. Beschwerdemanagement

Mit Hilfe eines Beschwerdemanagements über das Internet können Dienstleistungen verbessert und Kundenbeziehungen gepflegt werden. Wenn der Mandant weiß, daß ein funktionierendes Beschwerdemanagement-System vorhanden ist, hat dies eine „kaufrisikoreduzierende Funktion"[149]. Die Beschwerdepolitik kann das Image des Steuerberaters positiv beeinflussen, da es negative Mund-zu-Mund-Kommunikation reduzieren kann; es unterstützt gleichzeitig, daß eine positive persönliche Kommunikation zwischen den Betroffenen stattfindet.[150] Nicht zuletzt bietet das Beschwerde-

---

[145] Vgl. Reinhold, A., Garantie, 1983, S. 40.
[146] Z.B. bei Nichteinhaltung von Terminen, vgl. Scharl, H.-P./Niederer, T./Faltermeier, S., NWB 1998, Beilage zu Heft 4, S. 9.
[147] Vgl. Kaas, K.P., Informationsökonomik, 1995, Sp. 976.
[148] Vgl. Späth, W., INF 1996, S. 311.
[149] Meffert, H./Bruhn, M., Dienstleistungsmarketing, 1997, S. 95.
[150] Vgl. Stauss, B., Beschwerdepolitik, 1989, S. 52.

management die Chance zu einer nachfragerbezogenen Qualitätsprüfung.[151] Durch eine Anwendung über das Internet ist die Hemmschwelle zur Nutzung des Systems relativ gering.[152]

4.4.2. Schaffung von Commitment

Commitment ist die Einstellung in Bezug auf eine Geschäftsbeziehung, die dadurch geprägt ist, daß sich für das Aufrechterhalten der Geschäftsbeziehung ein maximaler Einsatz lohnt. Dabei hält ein Geschäftspartner die Beziehung für so bedeutend, daß er sich für deren zeitlichen Fortbestand einsetzt.[153] Förderlich für den Aufbau von Commitment sind folgende Umstände: persönlich gesammelte Erfahrungen, gemeinsam erzielte Erfolge und Erinnerungen, eingespielte, offene Kommunikations- und Verhaltensmuster, persönliche Sympathien und private Gemeinsamkeiten.[154] Es wird außerdem geprägt durch das bisherige Verhalten in dieser Geschäftsbeziehung[155] und hängt davon ab, ob spezifische Investitionen in die Geschäftsbeziehung getätigt wurden.[156] Dies wären beispielsweise Weiterbildungsmaßnahmen, mit denen sich der Steuerberater oder seine Mitarbeiter auf mandantenspezifische Fragestellungen und Probleme vorbereiten,[157] oder Maßnahmen zur Gewährleistung von Kompatibilität der Software.[158]

4.4.3. Reputationsaufbau

Die Reputation ist der gute Ruf und das Ansehen eines Steuerberatungsunternehmens am Markt.[159] Aufgrund der Qualitätsunsicherheit sollte auf den Aufbau der Reputation geachtet werden. Basis des Reputationsaufbaus sind positive Erfahrungen des Mandanten mit dem Steuerberatungsunternehmen, die durch zwischenmenschliche Kommunikation unter möglichen Mandanten verbreitet werden und dafür sorgen, daß eine Erwartungshaltung gegenüber dem Dienstleister entsteht. Kulanz, Fleiß und Sorgfalt bei der Leistungserstellung begünstigen den

---

[151] Vgl. Stauss, B., Beschwerdepolitik, 1989, S. 52.
[152] Vgl. Mann, A., Online-Service, 1996, S. 173.
[153] Vgl. Morgan, R.M, Hunt, S.D., Journal of Marketing, July 1994, p. 23.
[154] Vgl. Diller H./Kusterer, M., MARKETING ZFP 1988, S. 218.
[155] Vgl. Schmitz, G., Marketing, 1997, S. 215.
[156] Vgl. Kaas, K.P./Schade, C., Bindungsstärke, 1993, S. 94.
[157] Vgl. Schmitz, G., Marketing, 1997, S. 218.
[158] Vgl. Schmitz, G., Marketing, 1997, S. 219.
[159] Vgl. Spreemann, K., ZfB 1988, S. 613.

Aufbau ebenso[160] wie qualitativ hochwertige Leistungsergebnisse, eine ständige Qualitätskontrolle und die eigene Aus- und Weiterbildung des Steuerberaters und seiner Mitarbeiter dazu beitragen,[161] das Ansehen des Unternehmens zu verbessern.[162]

4.5. Stufenmodell der Werbewirkung

Im Rahmen der Kommunikationspolitik gibt es verschiedene Stufenmodelle der Werbewirkung.[163] Sie versuchen, den Prozeß der Wirkung einer Werbung im Zeitablauf zu beschreiben.[164] Im Rahmen der Marketingwissenschaften ist das AIDA-Schema am weitesten verbreitet.[165] Deshalb soll es als Grundlage für folgende Erörterungen dienen.

Das AIDA-Modell wurde 1898 von E. St. Elmo Lewis erarbeitet[166] und hat seinen Namen durch die Aneinanderreihung der Anfangsbuchstaben der verschiedenen Stufen erhalten:

Abb. 1: AIDA-Schema

A	**attention**	(Aufmerksamkeit)
I	**interest**	(Interesse)
D	**desire**	(Wunsch)
A	**action**	(Handlung)

Üblicherweise basieren die Stufenmodelle der Werbewirkung darauf, „daß von einem Kommunikationsmittel[167] ein Stimulus[168] ausgeht, der die Intention fördert, die **Aufmerksamkeit** des anvisierten Bedarfsträgers zu erregen"[169]. Wenn das gelungen ist, soll durch das bewußte Erfassen der Werbebotschaft **Interesse** für die

---

[160] Vgl. Schmitz, G., Marketing, 1997, S. 46.
[161] Vgl. Lutz, D., Marketing, 1995, S. 37.
[162] Vgl. Coenenberg, A./Marten, K.-U., DB 1993, S. 109.
[163] Vgl. Freter, H.W., Mediaselektion, 1972, S. 39; siehe auch Tab. 2, S. 50.
[164] Vgl. Behrens, G., Werbung, 1996, S. 280.
[165] Vgl. Poscharsky, N., AIDA-Modell, 1992, S. 22.
[166] Vgl. Poscharsky, N., AIDA-Modell, 1992, S. 22.
[167] Z.B. Homepage eines Steuerberaters [Anm. des Verfassers].
[168] Reiz [Anm. des Verfassers].
[169] Nieschlag, R./Dichtl, E., Hörschgen, H., Marketing, 1997, S. 580.

Leistung geweckt werden. Daraus soll sich der **Wunsch** zur Inanspruchnahme der Leistung entwickeln, der zur **Handlung** des Kaufes führt.[170]

Das Modell von Kitson fügt zwischen der dritten und vierten Stufe zusätzlich noch das **Vertrauen** ein.[171] Dies ist gerade für die Leistungen des Steuerberaters ein wichtiger Faktor und sollte bei der Wahl und Gestaltung der Kommunikationsmittel berücksichtigt werden.

5. Einschränkungen des Marketings durch rechtliche Rahmenbedingungen

Die Werbung als Teil des Marketings ist im Steuerberatungsgesetz geregelt und wird durch die Berufsordnung der Bundessteuerberaterkammer konkretisiert.[172] Nach diesen Vorschriften ist die Werbefreiheit eingeschränkt; berufswidrige Werbung ist verboten (§ 57a StBerG).

5.1. Gründe

Das höchste deutsche Gericht hat die Einschränkung der Werbung von Steuerberatern in seinem Urteil vom 8. November 1995 folgendermaßen begründet:

> "Das Verbot berufswidriger Werbung dient dem Zweck, eine Verfälschung des jeweiligen Berufsbildes durch Verwendung kommerzieller Werbemethoden zu verhindern (vgl. BVerfGE 85, 248 (260) = NJW 1992, 2341 m. w. Nachw.). Im Interesse einer wirksamen Steuerrechtspflege, die ein wichtiges Gemeinschaftsgut darstellt, soll die Kommerzialisierung der steuerberatenden Berufe vermieden werden. Dadurch erhält das Verbot berufswidriger Werbung seine Rechtfertigung."[173]

Auch die Legislative ist bedacht, das Berufsbild durch die Einschränkung der Werbemöglichkeiten zu wahren. Das Vertrauen der Öffentlichkeit soll dadurch gestärkt werden, ebenso das berufliche Verantwortungsgefühl des Berufsstandes.[174] Der Gesetzgeber geht zudem davon aus, daß sich durch eine Aufhebung der

---

[170] Vgl. Nieschlag, R./Dichtl, E., Hörschgen, H., Marketing, 1997, S. 580.

[171] Vgl. Freter, H. W., Mediaselektion, 1972, S. 39; siehe auch Tab. 2, S. 50.

[172] Vgl. Bundestags-Drucksache 12/6753 vom 03.02.1994, S. 11.

[173] BVerfG vom 08.11.1995, 1-BvR-1478/94, NJW-RR 1996, S. 439 (439).

[174] Vgl. BVerfG vom 22.05.1996, 1 BvR 744/88, BVerfGE 94, S. 372 (391).

Beschränkungen eine Verteuerung der Steuerberater-Dienstleistungen ergeben würde; dies will er aus sozialen Gründen vermeiden.[175]

Kritiker gehen außerdem davon aus, daß bei Werbefreiheit die Konzentration zunimmt, da kleinere Kanzleien aufgrund eines schmaleren Werbebudgets benachteiligt wären.[176]

5.2 Instrumente

5.2.1. Das Steuerberatungsgesetz

Die Werbung im Internet wird im Steuerberatungsgesetz nicht explizit geregelt. Es finden sich allgemeine Bestimmungen. Durch § 57 I StBerG sind Steuerberater verpflichtet, ihren Beruf "unter Verzicht auf berufswidrige Werbung auszuüben"[177]. Eine Spezifizierung und positive Abgrenzung findet sich in § 57a StBerG:[178] Demnach ist Werbung erlaubt, "soweit sie über die berufliche Tätigkeit in Form und Inhalt sachlich unterrichtet und nicht auf die Erteilung eines Auftrags im Einzelfall gerichtet ist."

Zur Interpretation muß der Begriff der Werbung bestimmt werden. Laut Rechtsprechung ist diese nach der Verkehrsauffassung zu definieren.[179] Demnach "handelt es sich um Werbung, wenn sich jemand mit positiven Bewertungen der eigenen Fähigkeiten und Leistungen oder mit Aufforderungen zur Inanspruchnahme der Leistungen an das Publikum wendet."[180] Ist dies gegeben, müssen folgende Kriterien erfüllt sein, damit die Werbung erlaubt ist: Es müssen **berufliche Informationen** sein, die dem Anspruch der **Sachlichkeit** genügen, und sie dürfen **nicht auf einen Einzelauftrag ausgerichtet** sein.[181]

---

[175] Vgl. Bundestags-Drucksache 12/6753 vom 03.02.1994, S. 17.

[176] Siehe hierzu Weniger, H.-J., Stbg 1996, S. 399.
In der Literatur werden noch weitere, teilweise auch außergewöhnliche Argumente genannt wie der Schutz der Verbraucher vor Angeboten oder ethische Gründe. Diese besagen, daß für "gesellschaftlich unerwünschte Produkte und Dienstlei-stungen .. nicht geworben werden [soll]." In: Günter, B., WPK-Mitt. 1994, S. 19.

[177] § 57 I StBerG.

[178] § 57a StBerG als lex specialis zu § 57 I StBerG, vgl. OLG Nürnberg vom 23.02.95, 3 U 263/95, DStR 1995, S. 1566 (1566).

[179] Vgl. BGH vom 07.10.1991, AnwZ (B) 25/91, NJW 1992, S. 45 (45).

[180] BGH vom 07.10.1991, AnwZ (B) 25/91, NJW 1992, S. 45 (45).

[181] Vgl. Kleine-Cosack, M., INF 1996, S. 694.

Berufliche Informationen sind beispielsweise Informationen über die Praxisausstattung, die Höhe der Gebühren und Angaben über den beruflichen Werdegang,[182] Informationen über die Dienstleistungsangebote,[183] aber auch fachliche Veröffentlichungen in Zeitungen oder Zeitschriften.[184]

Das Gebot der **Sachlichkeit** hat das in der ursprünglichen Fassung des Gesetzes enthaltene Wort "reklamehaft" ersetzt.[185] Die Sachlichkeit bezieht sich auf Form und Inhalt der Werbung, nicht aber auf die Veranlassung.[186] Dies würde dem Willen des Gesetzgebers widersprechen, der durch maßvolle Deregulierung der berufsrechtlichen Bestimmungen die Werbebefugnisse erweitern wollte.[187]

Will der Steuerberater dem Gebot der **inhaltlichen Sachlichkeit** entsprechen, muß er über seine Dienstleistungen oder rechtliche Entwicklungen nüchtern informieren.[188]

Die **Sachlichkeit der Form** gebietet eine angemessene Gestaltung der Werbung und ein angemessenes Medium.[189] Sie verbietet beispielsweise eine den Empfänger belastende Werbung per Fax.[190] Nicht untersagt ist jedoch ein Engagement im Internet.[191]

Die Werbung darf **nicht auf die Erteilung eines Auftrages im Einzelfalls gerichtet sein**. Diese Regelung dient dem Schutz des Umworbenen und soll verhindern, daß sich der Steuerberater ihm aufdrängt oder in bestehende Mandatsverhältnisse eingreift.[192] Erlaubt ist nach dem Willen des Gesetzgebers jedoch auch das unaufgeforderte Anbieten der eigenen Dienste "soweit die Angaben **berufsbezogen, sachlich richtig, objektiv nachprüfbar[,] .. nicht irreführend"[193] und nicht reklamehaft**

---

[182] Vgl. Kleine-Cosack, M., INF 1996, S. 695.

[183] Vgl. Kuhls, C./Maxl, P., 1995, § 57a StBerG, Rdn. 7.

[184] Vgl. Ring, G., INF 1994, S. 727.

[185] Vgl. Kleine-Cosack, M., INF 1996, S. 696.

[186] Vgl. Schuhmann, W./Abel, C., Stbg 1996, S. 88; siehe hierzu auch OLG Nürnberg vom 23.02.95, 3 U 263/95, DStR 1995, S. 1566 (1566) und OLG Dresden vom 05.07.1995, 12 U 893/95, INF 1995, S. 704 (704).

[187] Vgl. Bundestags-Drucksache 12/6753 vom 03.02.1994, S. 11.

[188] Vgl. Kleine-Cosack, M., INF 1996, S. 696.

[189] Vgl. Kuhls, C./Maxl, P., 1995, § 57a StBerG, Rdn. 11.

[190] Vgl. OLG Koblenz vom 07.09.1995, 6 U 480/95, NJW-CoR 1996, S. 328 (328).

[191] Vgl. LG Nürnberg-Fürth vom 12.02.1997, 3 O 33/97, NJW-CoR 1997, S. 229 (229).

[192] Vgl. Kleine-Cosack, M., INF 1997, S. 439.

[193] Bundestags-Drucksache 12/6753 vom 03.02.1994, S. 17.

sind.[194] Spezielle Regelungen für die Werbung im Internet sind im Steuerberatungsgesetz nicht enthalten.

Der Gesetzgeber hat festgelegt, daß nähere Ausgestaltungsformen der Werbung durch die Satzungsversammlung[195] bestimmt werden sollen.[196] Die Ergebnisse enthält Abschnitt 4 der Berufsordnung der Bundessteuerberaterkammer,[197] die zum 1. September 1997 in Kraft getreten ist.

5.2.2. Die Berufsordnung der Bundessteuerberaterkammer

Für die Werbung im Internet gelten laut § 22 BOStB die gleichen Vorschriften wie für andere Werbemedien. Dies scheint problematisch, da eine Homepage im Internet aufgrund seiner Darstellungsmöglichkeiten mit einer Praxisbroschüre auf Papier nicht vergleichbar ist.[198] Wegen der rasanten Entwicklung des Internets ist eine Regelung ohnehin nur schwer möglich.[199] Unter Berücksichtigung der §§ 10-21 und 23 BOStB ist gegen ein Engagement im Internet nichts einzuwenden. Dabei müssen bei der Gestaltung einer Homepage folgende Grundsätze beachtet werden. Die Informationen müssen die berufliche Tätigkeit zum Gegenstand haben (§§ 10 II, 12 I BOStB), sie müssen "sachlich zutreffend und objektiv nachprüfbar"[200] sein. Eine Darstellung in Wort und Bild ist erlaubt (§ 12 I BOStB), sie darf allerdings nicht reklamehaft sein (§§ 10 II, 12 I BOStB). Der Ausdruck "reklamehaft" ist ein unbestimmter Rechtsbegriff; dies hat zur Folge, daß er unterschiedlich ausgelegt werden kann.[201] So hat das LG Zwickau in seinem Urteil vom 30.05.97 bereits die

---

[194] Vgl. Bundestags-Drucksache 12/6753 vom 03.02.1994, S. 17.

[195] Die Satzungsversammlung ist ein Organ der Bundessteuerberaterkammer und ist durch § 86 III Satz 1 StBerG i.V.m. § 86 II Nr. 2 StBerG ermächtigt, die Berufsordnung zu erlassen und zu ändern. Die Satzungsversammlung hat unter anderem die Aufgabe, den Bereich der zulässigen von dem der berufswidrigen Werbung ab-zugrenzen (§ 86 IV Nr. 3 StBerG). Ihre Zusammensetzung und Arbeitsweise ist in § 86a StBerG geregelt.

[196] Vgl. Bundestags-Drucksache 12/6753 vom 03.02.1994, S. 18.

[197] Die BOStB verhält sich zum StBerG wie eine Rechtsverordnung. Bei Unvereinbar-keit mit höherrangigem Recht (z.B. StBerG) gilt letztgenanntes als Grundlage, vgl. Maxl, P., NWB 1997, S. 2838.

[198] Vgl. Kleine-Cosack, M., INF 1997, S. 441 und auch LG Trier vom 19.09.1996, 7 HO 113/98, Stbg 1996, S. 509 (511).

[198] OLG Koblenz vom 13.02.1997, 6 U 1500/96, Stbg 1997, S. 175 (175).

[199] Vgl. Wittsiepe, R., Entwicklungstendenzen, o.J., WWW-Dokument.

[200] § 10 II BOStB.

[201] Vgl. Schuhmann, W., Steuerberatung, o.J., WWW-Dokument.

Verwendung eines Logos auf einer Anzeige als berufswidrig, weil reklamehaft, gerügt.[202]

Ausdrücklich erlaubt ist die Überlassung von Informationsmitteln an Mandanten (§ 12 IV BOStB). An Nicht-Mandanten ist eine Überlassung "nur aufgrund deren Aufforderung und ausschließlich für deren eigenen Bedarf"[203] erlaubt. Einer Überlassung von Informationsmitteln ähnelt die Präsenz der Kanzlei im World Wide Web. Eine Aufforderung des Internetnutzers liegt regelmäßig vor, wenn die Homepage des Steuerberaters aufgerufen wird.[204] Die Eingabe und Bestätigung der URL bzw. der Mausklick auf einen Hyperlink kommt einer Aufforderung zur Informationsabgabe gleich.[205] Dies ist der Grund dafür, warum nach meiner Meinung nicht nur die Darstellung der beruflichen Tätigkeit erlaubt ist (§ 12 IV BOStB), sondern auch Mandanteninformationen über das Word Wide Web weitergegeben werden dürfen (§ 13 II BOStB). Die Bedingung für die Weitergabe der Informationen an Nichtmandanten, die Informationen nur für ihren eigenen Bedarf zu verwenden (§§ 12 IV und 13 II BOStB), ist für eine Internetpräsentation nicht hinderlich.[206]

§ 22 BOStB erlaubt, die Vorschriften des § 12 II BO auch auf Online-Praxisbroschüren anzuwenden.[207] Demnach darf eine Kanzleipräsentation im WWW Hinweise auf die Person, den Lebenslauf, den beruflichen Werdegang und auf die Erfahrungen des Berufsangehörigen - soweit sie sich auf den Beruf beziehen - enthalten (§ 12 II Nr. 1 BOStB). Über "Art und Umfang der beruflichen Betätigung"[208] darf berichtet werden. Das Herausstellen selbstverständlicher Aufgabenbereiche, wie z.B. der steuerlichen Beratung oder der Ausführung laufender Buchhaltungsarbeiten ist nicht gestattet, wenn es dem Informationsempfänger eine besondere Fähigkeit des Steuerberaters in diesen Bereichen suggeriert.[209] Erlaubt sind Hinweise auf mit dem Steuerberaterberuf vereinbare Tätigkeiten gemäß § 57 III StBerG[210] (§ 12 II Nr. 2

---

[202] Vgl. LG Zwickau vom 30.05.97, 3 HKO 25/97, unveröffentlichtes Urteil.

[203] § 12 IV BOStB.

[204] Vgl. Schopen, K./Gumpp, W./Schopen, M., NJW-CoR 1996, S. 115.

[205] Vgl. Böttges-Papendorf, D., Internet, 1997, WWW-Dokument.

[206] Vgl. Kellersmann, D., Berufsrecht, 1998, S. 212.

[207] Vgl. Meisel, B. S./Scheurer, S., INF 1998, S. 56.

[208] § 12 II Nr. 2 BOStB.

[209] Vgl. Köhler, H./Piper, H., 1995, § 3 UWG, Rdnr. 122.

[210] Beispielsweise die Tätigkeit als Wirtschaftsprüfer oder eine freie schriftstellerische Tätigkeit.

BOStB). Angaben über ehrenamtliche Funktionen in Kammern und Verbänden dürfen nicht auf der Homepage erscheinen.[211]

Die Organisation und Größe der Kanzlei, der Mitarbeiterstab sowie Kooperationen auf nationaler und internationaler Ebene dürfen beschrieben werden (§ 12 II Nr. 3 BOStB). Ebenso sind Angaben über "Mitgliedschaften in Berufs- oder dem Beruf nahestehenden Organisationen"[212], wie z.B. in der DATEV, zulässig. Nicht erlaubt sind "Hinweise auf Mandanten und besondere berufliche Erfolge"[213].

Es ist denkbar, daß der Steuerberater auf seiner Web-Präsentation die Möglichkeit zum Feedback[214] bietet, auch unter Einsatz von Formularfeldern. So kann er nach Anforderung weiteres Informationsmaterial oder eine steuerliche Beratung bieten (§ 10 III BOStB).

5.2.3. Die Rechtsprechung

Durch das Urteil des LG Nürnberg-Fürth vom 12.02.1997 wurde es einem Steuerberater erlaubt, im Internet seine Kanzlei zu präsentieren.[215] Ein sachlicher Anlaß muß dazu nicht gegeben sein.[216] Der Richterspruch erging, als die neue BOStB noch nicht in Kraft getreten war. Als Grundlage dienten deshalb §§ 57, 57a StBerG.

Die bekannten Kriterien des § 57a StBerG als lex specialis[217] müssen demnach bei der Präsentation im Web erfüllt sein. Gegen "eine sachliche Mitteilung von Fakten"[218] ist nach Meinung der Richter nichts einzuwenden. Im konkreten Fall wies die Homepage auch "keine Elemente mit besonderer Anlockungswirkung oder .. reißerische Züge auf"[219], die Anlaß zur Beanstandung gegeben hätten. Es wurde dem Beklagten nicht verwehrt, Hilfe in Steuersachen konkret anzubieten.[220] Eine

---

[211] Vgl. Mittelsteiner, K.-H., DStR 1997, Beihefter zu Heft 43, S. 7.

[212] § 12 II Nr. 4 BOStB.

[213] § 12 III BOStB.

[214] Vgl. LG Nürnberg-Fürth vom 12.02.1997, 3 O 33/97, NJW-CoR 1997, S. 229 (229).

[215] Vgl. LG Nürnberg-Fürth vom 12.02.1997, 3 O 33/97, NJW-CoR 1997, S. 229 (231).

[216] Vgl. hierzu OLG Dresden vom 05.07.95, 12 U 893/95, INF 1995, S. 704 (704).

[217] Vgl. hierzu OLG Nürnberg vom 23.02.95, 3 U 263/95, DStR 1995, S. 1566 (1566).

[218] LG Nürnberg-Fürth vom 12.02.1997, 3 O 33/97, NJW-CoR 1997, S. 229 (230).

[219] LG Nürnberg-Fürth vom 12.02.1997, 3 O 33/97, NJW-CoR 1997, S. 229 (230).

[220] Vgl. LG Nürnberg-Fürth vom 12.02.1997, 3 O 33/97, NJW-CoR 1997, S. 229 (230).

Aufforderung zum Feedback verstößt nicht gegen das Gesetz.[221] Die letzte Bedingung des § 57a StBerG[222] scheint deshalb unproblematisch, da die Seiten im Internet weltweit zugänglich sind und ein Einzelfallbezug nicht vorliegt.[223]

Die Rechtsprechung über die Werbung von Freiberuflern im Internet ist jedoch, sicher auch aufgrund der geringen gesetzlichen Regelung und aufgrund der Neuheit des Werbemediums, uneinheitlich. Einem Zahnarzt wurde in zweiter Instanz[224] verwehrt, sein Praxisteam und seine Dienstleistungen im Internet vorzustellen, nachdem das LG Trier[225] zuvor dagegen nichts einzuwenden hatte. Gerügt wurde von den Koblenzer Richtern nicht der Werbeträger Internet, sondern die Art und Weise der Darstellung.[226] Schon das LG Trier hatte festgestellt, daß anpreisende, reklamehafte und kommerzielle Werbung Freiberuflern verboten ist.[227] So müssen sich eventuell eingespielte Musik- oder Videoclips inhaltlich konkret auf die Kanzlei beziehen. Virtuelle Bilderausstellungen sind verboten und die Veranstaltung von Gewinnspielen ist nicht gestattet, da dies einen "marktschreierischen Charakter"[228] hat. Hyperlinks dürfen nicht zu sachfremden Webseiten (z.B. "World Sex Guide"[229]) führen, da sonst der Bezug zum Steuerberaterberuf nicht gegeben ist.[230] Bei der Benutzung von Frames[231] ist darauf zu achten, daß fremde Seiten darin nicht als eigene Leistung dargestellt werden, da sonst möglicherweise § 1 UWG verletzt wäre.[232]

---

[221] Vgl. LG Nürnberg-Fürth vom 12.02.1997, 3 O 33/97, NJW-CoR 1997, S. 229 (231).

[222] Werbung ist erlaubt, sofern sie nicht auf die Erteilung eines Auftrags im Einzelfall gerichtet ist.

[223] Vgl. LG Nürnberg-Fürth vom 12.02.1997, 3 O 33/97, NJW-CoR 1997, S. 229 (231).

[224] Vgl. OLG Koblenz vom 13.02.1997, 6 U 1500/96, Stbg 1997, S. 175 (175).

[225] Vgl. LG Trier vom 19.09.1996, 7 HO 113/98, Stbg 1996, S. 509 (509).

[226] Vgl. OLG Koblenz vom 13.02.1997, 6 U 1500/96, Stbg 1997, S. 175 (175): Sie befriedige beispielsweise nicht das Informationsbedürfnis der Bevölkerung, ziele darauf ab, Aufmerksamkeit zu erregen und letztendlich Patienten zu gewinnen; sie weise außerdem "alle Elemente einer kommerziellen Reklame auf".

[227] Vgl. LG Trier vom 19.09.1996, 7 HO 113/98, Stbg 1996, S. 509 (510).

[228] LG Trier vom 19.09.1996, 7 HO 113/98, Stbg 1996, S. 509 (512).

[229] Ein hessischer Rechtsanwalt hatte dies auf seiner Homepage tatsächlich angeboten, in: Scheuerl, W., NJW 1997, S. 1293, Fußnote 26.

[230] Vgl. Scheuerl, W., NJW 1997, S. 1293.

[231] Aufteilung einer Seite in mehrere einzelne Bereiche, in denen unabhängig voneinander HTML-Seiten angezeigt werden können.

[232] Vgl. Ernst, S., NJW-CoR 1997, S. 226.

Nicht zu beanstanden ist nach Meinung der Richter die Abbildung eines Lageplans.[233] Die Einrichtung eines Gästebuches[234] wurde einem Zahnarzt untersagt;[235] dieser Sachverhalt ist jedoch nach Meinung von Scheuerl nicht direkt auf andere freie Berufe übertragbar und unter gewissen Umständen erlaubt, wenn nämlich ein ausdrücklicher Hinweis erfolgt, daß der Eintrag einer Bitte um Zusendung einer Kanzleibroschüre gleichkommt.[236]

Den berufsrechtlichen Werberestriktionen kann auch dann nicht entgangen werden, wenn der Server, der die Homepage bereitstellt, im Ausland steht.[237] Wenn die Werbung deutsche Nachfrager zur Zielgruppe hat, gilt das deutsche Recht.[238]

5.3. Beurteilung und rechtliche Entwicklung

Mit Einführung des § 57a StBerG[239] und der BOStB vollzog sich eine Deregulierung der Werbebeschränkungen für Steuerberater. Das Ziel der Bundesregierung war es, neben der besseren Information der Steuerbürger über das Angebot steuerberatender Dienstleistungen,[240] auch die Leistungs- und Wettbewerbsfähigkeit der Steuerberater zu stärken. Dies sollte vor allem im Hinblick auf den Binnenmarkt geschehen.[241] Im Ausland fehlen nämlich entsprechende Beschränkungen für freiberufliche Dienstleister.[242] Durch die globale Reichweite des Internets und seine Internationalität erscheint aber eine weitere Anpassung an internationale Standards zwingend, damit der deutsche Steuerberater bei der Präsentation im WWW im internationalen Vergleich keinen Wettbewerbsnachteil erleidet. Der bisherige Nachteil ist nach Meinung von Ebbing eine Verstoß gegen Art. 12 GG, die Berufsfreiheit, da dieser zu einer Verdrängung der betroffenen Anbieter vom Markt führen kann.[243] Etwas verbessert hat sich die Stellung der Steuerberater in Bezug auf die innerdeutsche Konkurrenz der Unternehmensberater; diese hatten bisher durch die eingeschränkten Werbemöglich-

---

[233] Vgl. LG Trier vom 19.09.1996, 7 HO 113/98, Stbg 1996, S. 509 (511).

[234] Hier können Besucher der Homepage ihre Adresse angeben.

[235] Vgl. LG Trier vom 19.09.1996, 7 HO 113/98, Stbg 1996, S. 509 (509).

[236] Vgl. Scheuerl, W., NJW 1997, S. 1293.

[237] Vgl. OLG Düsseldorf vom 19.10.1993, 20 U 8/93, Stbg 1994, S. 262 (263).

[238] Vgl. Clasen, R./Wallbrecht, D.U./Ossola-Haring, C., Internet, 1997, S. 10.

[239] Im Rahmen des sechsten Gesetzes zur Änderung des StBerG, das am 1. Juli 1994 in Kraft getreten ist, wurde § 57a eingefügt, vgl. Halaczinsky, R., INF 1994, S. 503.

[240] Vgl. Bundestags-Drucksache 12/6753 vom 03.02.1994, S. 17.

[241] Vgl. Bundestags-Drucksache 12/6753 vom 03.02.1994, S. 11.

[242] Vgl. Keßler, R.E., NWB 1995, S. 4059.

keiten der Steuerberater einen entscheidenden Wettbewerbsvorteil.[244] Völlig freigeben will der Gesetzgeber die Werbung jedoch nicht, da nach seiner Ansicht ein "reklamehaftes Anpreisen und die Verwendung von Werbemethoden, wie sie in der gewerblichen Wirtschaft üblich sind"[245], die Folge wären. Dies würde dem Berufsbild des steuerberatenden Berufes nicht entsprechen.[246]

Die Schwierigkeit besteht gerade in der Abgrenzung, ab wann eine Werbung als reklamehaft angesehen wird. Diese Bewertung verändert sich mit dem Zeitlauf[247] und wird auch von Medium zu Medium verschieden aufgefaßt. So unterscheidet sich die Werbung im Internet z.B. von Printmedien und verlangt deshalb einen spezifischen Beurteilungsmaßstab.[248] Dieser ist durch die BOStB nicht gegeben.

Ein allzu reklamehaftes Anpreisen würde bei den Dienstleistungsnachfragern zu negativen Reaktionen und zu einer Abwehrhaltung (Reaktanz) führen; dies wäre nicht im Sinne der Steuerberater.[249] Auch ist die Frage zu verneinen, ob allgemein zweifelhafte Werbemethoden dazu geeignet sind, das Vertrauen der Mandanten in den Dienstleistungsanbieter zu stärken.[250] Es gibt also auch eine Selbstregulation vom Markt aus.

Eine Konzentrationstendenz bei Lockerung der Werbebeschränkungen ist nicht nachgewiesen und nach Meinung von Günter auch nicht wahrscheinlich.[251] Außerdem haben die Werbebeschränkungen nicht dem Konkurrentenschutz zu dienen.[252] Sie können für den Dienstleistungsnehmer bei Wegfall positive Effekte in Form von Qualitätssteigerungen haben. Inwieweit eventuelle Kostensteigerungen auf den Mandanten überwälzt werden, ist unklar. Denkbar ist auch hier, daß aufgrund des stärkeren Wettbewerbs geringere Gebühren berechnet werden. So sind auch soziale Gründe gegen einen völligen Wegfall der Beschränkungen fragwürdig.

---

[243] Vgl. Ebbing, F., NJW-CoR 1996, S. 247.

[244] Vgl. Wittsipe, R., NWB 1996, S. 2109.

[245] Bundestags-Drucksache 12/6753 vom 03.02.1994, S. 17.

[246] Vgl. Bundestags-Drucksache 12/6753 vom 03.02.1994, S. 17.

[247] Vgl. BVerfG vom 22.05.1995, 1 BvR 744/88, BVerfGE 94, S. 372 (398).

[248] Vgl. Kinnebrock, W., Multimedia, 1994, S. 75.

[249] Vgl. Günter, B., WPK-Mitt. 1994, S. 22.

[250] Vgl. Lutz, D., Marketing, 1995, S. 14.

[251] Vgl. Günter, B., WPK-Mitt. 1994, S. 22.

[252] Vgl. BVerfG vom 22.05.1995, 1 BvR 744/88, BVerfGE 94, S. 372 (399).

Nunmehr ist eine Informationswerbung gestattet, insofern sie nicht auf die Erteilung eines Auftrages im Einzelfall gerichtet ist (§ 57a StBerG). Es stellt sich unweigerlich die Frage, welchen Nutzen eine Informationswerbung für den Steuerberater haben soll, außer gegenwärtige Mandanten zu halten und neue zu akquirieren.[253] Mit der Informationsvermittlung wird immer auch eine Einstellungsbeeinflussung einhergehen, da eine Trennung von Information und Beeinflussung nicht möglich ist.[254]

Damit die Werbung ihre gesellschaftliche Funktion erfüllen kann, den Steuerbürger zu informieren, muß sie attraktiv gestaltet sein. So kann sie die Aufmerksamkeit und das Interesse wecken.[255] Nach Scheuerl rückt die Grenze zur berufswidrigen Werbung um so näher, desto publikumswirksamer eine Homepage gestaltet ist.[256] Die Klärung der Antwort, inwieweit eine attraktive Gestaltung mit Reklamehaftigkeit gleichgesetzt wird, muß wohl in einigen Fällen den Richtern überlassen werden.[257]

6. Gestaltungshinweise zur Präsentation einer Kanzlei im WWW

Soll eine Kanzleipräsentation im WWW erfolgreich sein, reicht es nicht aus, eine eventuell vorhandene Praxisbroschüre im Internet zu plazieren; dies wurde durch Zugriffsstatistiken belegt.[258] Das Web bietet mit seiner Fähigkeit zur multimedialen Darstellung zudem mehr Möglichkeiten als ein Printmedium.[259] Diese sollten vom Steuerberater genutzt werden. Ein gut gepflegtes, aktuelles Angebot ist die Grundlage dafür, Mandanten über das Internet zu gewinnen.[260]

Die Seiten im WWW werden mit Hilfe der Programmiersprache HTML produziert. Im Rahmen dieser Arbeit wird diese Seitenbeschreibungssprache nicht näher behandelt; wo es notwendig erscheint, werden jedoch einige Befehle (Tags) erläutert. Die Gestaltung einer Web-Seite mit HTML ist nicht so komfortabel wie bei einem Text-

---

[253] Vgl. Ossola-Haring, C., Erfolgsfaktoren, 1996, S. 121.

[254] Vgl. Günter, B., WPK-Mitt. 1994, S. 21.

[255] Vgl. Hicks, J.R., The Journal of Business 1962, S. 257.

[256] Vgl. Scheuerl, W., Blick durch die Wirtschaft 1997, S. 10.

[257] Vgl. BVerfG vom 22.05.1995, 1 BvR 744/88, BVerfGE 94, S. 372 (398).

[258] Vgl. Meisel, S./Scheurer, S., INF 1998, S. 57.

[259] Vgl. Meisel, S./Scheurer, S., INF 1998, S. 57.

[260] Vgl. Rengelshausen, O., Werbung, 1997, S. 126.

verarbeitungsprogramm, und auch das WYSIWYG-Prinzip (What you see is what you get) gilt hier nicht. Die Sprache ist dennoch relativ einfach.[261]

Im folgenden sollen nun Gestaltungsvorschläge für eine Kanzleipräsentation unter Beachtung der theoretischen Grundlagen aus den Kapiteln zwei bis fünf dargestellt werden.

6.1. Graphische Aufbereitung einer Kanzlei-Internetpräsentation

Ein großes Problem der graphischen Seitengestaltung besteht darin, daß eine Kontrolle über die Darstellung der Seite beim Leser nicht möglich ist.[262] Die Verwendung von unterschiedlichen Browsern führt zu geringfügig verschiedenen Darstellungen. Davon sind nicht nur die Browser der verschiedenen Firmen betroffen, sondern auch einzelne Programmversionen eines Herstellers.[263] Auch die Bildschirmgröße hat Einfluß auf die Darstellung, insbesondere auf den gezeigten Bildschirmausschnitt.[264]

Außerdem hat der Internetnutzer selbst die Möglichkeit, durch individuelle Einstellungen nach seinem Geschmack die Farben,[265] die Schriftart oder Schriftgröße[266] zu ändern. So kann er selbst entscheiden, daß aus blau beispielsweise grün wird und aus gelb schwarz.[267] Unter diesen Bedingungen ist es schwierig, eine Seite unter Berücksichtigung der Werbewirkung zu gestalten. Eine Abänderung der vom Hersteller vorgenommen Voreinstellungen kommt jedoch (noch) relativ selten vor.[268] Deshalb ist es dennoch empfehlenswert, sich mit der graphischen Gestaltung der Webseiten auseinanderzusetzen.

---

[261] Vgl. Roll, O., Marketing, 1996, S. 124.

[262] Vgl. Roll, O., Marketing, 1996, S. 123.

[263] Vgl. Werner, A./Stephan, R., Marketing-Instrument, 1997, S. 32.

[264] Vgl. Werner, A./Stephan, R., Marketing-Instrument, 1997, S. 154.

[265] Vgl. Werner, A./Stephan, R., Marketing-Instrument, 1997, S. 32.

[266] Vgl. Roll, O., Marketing, 1996, S. 123.

[267] Vgl. Werner, A./Stephan, R., Marketing-Instrument, 1997, S. 32.

[268] Vgl. Werner, A./Stephan, R., Marketing-Instrument, 1997, S. 160.

6.1.1. Typographie

Die grafische Darstellung des Textes kann unter verschiedenen Gesichtspunkten erörtert werden. Mit der Gestaltung der Schrift beschäftigt sich die Mikrotypographie.[269]

6.1.1.1. Mikrotypographie

Es geht dabei vor allem um die Gestaltung der Schriftart. Diese beeinflußt zum einen die Lesbarkeit und Wahrnehmungsgeschwindigkeit des Textes,[270] kann aber auch emotionale Prozesse wie Anmutungen oder Assoziationen auslösen.[271] So können durch spezielle Schriftarten bestimmte Eindrücke vermittelt werden z.B. Seriosität, Luxus oder Modernität.[272]

Die Schriftart wird überwiegend durch Serife[273] und den Duktus[274] charakterisiert. Das mikrotypographische Schriftbild wird aber auch bestimmt durch den Schriftschnitt, die Schriftgröße, durch Blindmaterial[275] und Zeilenabstand.[276]

Schriftarten ohne **Serife** wirken sachlich-technisch und haben den Vorteil, daß man sie gut erkennt. Für längere zusammenhängende Texte sind sie jedoch weniger geeignet, da sie eine schnelle Ermüdung beim Leser bewirken. Serife hingegen helfen dem Leser, Wortgruppen zu verbinden; dies optimiert den Lesefluß.[277] Nachfolgend sind zwei Schriftarten beispielhaft dargestellt.[278]

Abb. 2: Schriftarten

Century Schoolbook   Schrift mit Serifen

Arial   Serifenlose Schrift

[269] Vgl. Behrens, G., Werbung, 1996, S. 93.
[270] Vgl. Behrens, G., Werbung, 1996, S. 93.
[271] Vgl. Mayer, H., Werbepsychologie, 1993, S. 126.
[272] Siehe hierzu Mayer, H., Werbepsychologie, 1993, S. 130.
[273] Eine Serife ist der kleine, abschließende Querstrich am oberen oder unteren Ende von Buchstaben.
[274] Der Duktus ist die Schriftführung eines Buchstabens.
[275] Der Begriff Blindmaterial kommt aus dem Bleisatzverfahren und bezeichnet die Teile im Satz, die nicht gedruckt werden. Das ist zum einen der Abstand zwischen den Wörtern, der sogenannte Ausschuß, und zum anderen der Zeilenzwischenraum, der Durchschuß, vgl. Blana, H., Herstellung, 1986, S. 58 und 59.
[276] Vgl. Behrens, G., Werbung, 1996, S. 93.
[277] Vgl. Behrens, G., Werbung, 1996, S. 95.
[278] Vgl. Behrens, G., Werbung, 1996, S. 96.

Schriftschnitte variieren die Grundform einer Schriftart. Der Charakter einer Seite kann durch die Wahl eines bestimmten Schriftschnittes stark beeinflußt werden. Neben der Kursivschrift, die durch „Rechtsschräge der Buchstaben"[279] entsteht, gibt es noch die Darstellung in verschiedenen Schriftstärken[280] sowie Schriftweiten.[281]

Eine leichte Lesbarkeit der Webseiten im Internet wird durch Normal- und Standardschriften erreicht. Für Hervorhebungen kurzer Textabschnitte ist jedoch auch ein Wechsel sinnvoll, um die Aufmerksamkeit zu erhöhen.[282]

Bei der Wahl der **Schriftgröße** für einen längeren Text ist eine mittlere Größe am idealsten. Bei zu kleiner Schrift verschwimmen die Buchstaben, bei zu großer Schrift „kann eine Wortgruppe nicht mehr überblickt werden"[283].

Der **Zeilenabstand** ist abhängig von der Schriftgröße. Er sollte mindestens so groß sein wie der durchschnittliche Abstand zwischen den Wörtern. Dann kann das Auge eines Lesers ohne Mühe an einer Zeile entlangwandern und die folgende Zeile finden.[284]

6.1.1.2. Makrotypographie

Bei der Makrotypographie geht es in erster Linie um die Gestaltung der Textanordnung.[285] Ein Merkmal ist die Zeilenlänge. Eine Zeile sollte nicht zu kurz sein; die Folge wären ständige Sprünge bei der Blickführung durch den Zeilenwechsel, sowie viele Worttrennungen, die den Lesefluß behindern. Auch lange Zeilen beeinträchtigen die Blickführung. Abhilfe schafft die Darstellung in Spalten oder Blöcken.[286]

Nach Elbracht ist die Gestaltung der Schrift in Form des Blocksatzes ab einer bestimmten Zeilenbreite[287] geeigneter als die Anwendung des Flattersatzes.[288]

---

[279] Behrens, G., Werbung, 1996, S. 95.
[280] Z.B. leicht, normal, halbfett, fett.
[281] Z.B. breit, standard, eng, sehr eng, extrem eng.
[282] Vgl. Behrens, G., Werbung, 1996, S. 96.
[283] Blana, H., Herstellung, 1986, S. 92.
[284] Vgl. Behrens, G., Werbung, 1996, S. 98.
[285] Vgl. Behrens, G., Werbung, 1996, S. 98.
[286] Vgl. Behrens, G., Werbung, 1996, S. 101.
[287] Im Beispiel ab ca. 5 cm bei Schriftart Optima, Schriftgröße 8 Punkt, Zeilenabstand 11 Punkt, vgl. Elbracht, D., ARCHIV 1967, S. 27.
[288] Vgl. Elbracht, D., ARCHIV 1967, S. 28.

Grundsätzlich ist die Lesbarkeit von Texten auf Bildschirmmedien schlechter als von Texten auf Printprodukten.[289] Durch die Bildschirmdarstellung wird der Wahrnehmungsapparat wesentlich stärker beansprucht.[290] Deshalb sollten Texte so knapp wie möglich gehalten werden.

Durch einen starken Hell-Dunkel-Kontrast zwischen Schrift und Hintergrund kann der Lesewiderstand[291] vermindert werden.[292]

Außerdem wirkt sich eine kreative Textgestaltung - wie beispielsweise in der Abb. 3 dargestellt - positiv auf die Aufmerksamkeit aus.

Abb. 3: Setzspielerei

Das
hier ist
eine Setzspielerei
in Form eines Dreiecks.
Die Idee ist eigentlich nicht
neu, aber es ist doch erstaunlich, daß,
obwohl der Text ziemlich nichtssagend und ohne
jeden Humor ist, fast alle, die ihn nun einmal zu lesen
angefangen haben, nicht aufhören können, bis zu diesem

<u>Quelle:</u> o.V., „Konkrete Poesie" als Werbetechnik, in: K&V 1980, Nr. 3, S. 12

6.1.2. Hintergrund

Bei der Wahl des Hintergrundes ist darauf zu achten, daß der oben erwähnte Kontrast zur Schrift überall gegeben ist. Zur Verfügung stehen einfarbige oder gemusterte Flächen (wie z.B. Holzstrukturen, Marmoreffekte, Versteinerungen), aber auch Bilder.[293] Bei der Auswahl ist darauf zu achten, daß der Hintergrund nicht zu auffällig ist, damit er nicht von wichtigeren Elementen der Seite ablenkt.[294] Bei Verwendung einer dunklen Schrift eignet sich beispielsweise grau, weiß oder ein

---

[289] Vgl. Werner, A./Stephan, R., Marketing-Instrument, 1997, S. 31.

[290] Vgl. Zwimper, M., Farbe, 1985, Absatz 503.

[291] Der Lesewiderstand ergibt sich aus der Erkennbarkeit und Lesbarkeit von Schrift, vgl. Spiegel, B., Werbepsychologie, 1970, S. 123.

[292] Vgl. Neibecker, B., absatzwirtschaft 1981, S. 127.

[293] Vgl. Roll, O., Marketing, 1996, S. 132.

[294] Vgl. Roll, O., Marketing, 1996, S. 133.

Pastellton als Hintergrundfarbe.[295] Aufgrund des Berufsrechts darf durch den Hintergrund kein reklamehafter Eindruck entstehen.

Durch den Einsatz einer Hintergrundgrafik ist es auch möglich, eine Seite in verschiedene Bereiche einzuteilen.[296] So kann ohne die Verwendung eines Frames, aber mit Hilfe eines sich abhebenden Balkens, beispielsweise eine Seiten-Navigationsleiste eingerichtet werden.

6.1.3. Grafiken

Der Einsatz von Grafiken auf Internetseiten ist empfehlenswert, da sie als bedeutendes Werbewirkungselement die Aufmerksamkeit der Betrachter erhöhen.[297] Allerdings muß der Einsatz wohl dosiert sein. Auf textlastigen Seiten lenkt ein zu großer Grafikanteil von der Information des Textes ab und wirkt kontraproduktiv. Verstärkt wird dieser negative Effekt bei bewegten Bildern. Eine Möglichkeit besteht darin, die Grafik bzw. Animation in einen Bereich zu plazieren, der weggescrollt werden kann.[298] Ein technisches Problem von bildlichen Darstellungen ist der relativ große Datenumfang. Dieser verlängert die Übertragungs- und somit die Wartezeit, was einen Betrachter dazu bewegen kann, den Vorgang vorzeitig abzubrechen.[299] Bilder sollten also nicht zu groß gewählt werden und nicht ganz oben auf der Seite plaziert sein, da der Bildschirmaufbau von oben her erfolgt und aufgehalten würde.[300]

Die üblichen Grafikformate im Internet heißen GIF (Graphics Interchange Format) und JPEG (auch JPG, Joint Photographers Expert Group). Letztgenanntes wird meist für Fotos verwendet, da es eine hohe Kompression bei relativ geringem Qualitätsverlust erlaubt.[301] GIF eignet sich für Grafiken, wie Logos und animierte Bilder.[302] Mit GIF ist es möglich, Bilder auch sequentiell zu laden (Interlaced GIF). Dadurch ist

---

[295] Vgl. Schmid, C., Web-Design, 1997, S. 56.
[296] Vgl. Kübler, M./Struppek, H., Web-Design, 1996, S. 120.
[297] Vgl. Rogge, H.J., Werbung, 1993, S. 278.
[298] Vgl. Roll, O., Marketing, 1996, S. 33.
[299] Vgl. Kinnebrock, W., Multimedia, 1994, S. 90.
[300] Vgl. Fuzinski, A.D.U./Meyer, C., Marketing, 1997, S. 216.
[301] Vgl. Schwalm, T., Domain, 1997, S. 84.
[302] Vgl. Schwalm, T., Domain, 1997, S. 83.

schnell ein grobgerastertes Bild sichtbar, das sukzessive feinkörniger wird und dem Betrachter die Wartezeit "verkürzt".[303]

Wenn ein Dienstleistungsnachfrager die Anzeige der Bilder ausgeschaltet hat, um die Ladezeiten zu verkürzen und somit Kosten zu sparen, soll die Web-Seite immer noch ansprechend und verständlich sein.[304] Wenn Grafiken nicht oder - aufgrund der Ladezeit - noch nicht angezeigt werden, sollte ein alternativer Text (mit Hilfe des "<ALT>-Tags") das Bild kurz beschreiben.[305]

Bei der Verwendung von fremden Grafiken, Bildern und Cliparts sind ferner die Urheberrechte zu beachten.[306]

6.1.4. Video und Ton

Die Verwendung von Videos ist derzeit noch unüblich, da das schlechte Verhältnis zwischen Ladezeit und Abspielzeit einen Einsatz meist nicht rechtfertigt.[307] Der Inhalt muß auf jeden Fall berufsbezogen sein; das Anbieten von Musik-Videoclips ist somit untersagt. Auch reine Tondokumente müssen die Bedingungen des § 57a StBerG erfüllen. Einem Steuerberater ist es beispielsweise nicht erlaubt, seine virtuellen Besucher mit klassischer Musik auf seiner Homepage zu empfangen.[308] In Zukunft werden Video- und Audioeinspielungen aufgrund der Innovationen an Bedeutung gewinnen.[309]

6.1.5. Logo

Im Sinne einer konsequenten Umsetzung des Corporate-Identity- bzw. Corporate-Design-Gedankens sollte das Kanzleilogo auf jeder Internetseite erscheinen. Es darf nicht irreführend oder reklamehaft gestaltet sein (§ 16 I BOStB i.V.m. § 22 BOStB). Das Kanzleisymbol erleichtert die Abgrenzung zu anderen Steuerberatern und sollte so gestaltet sein, daß es über längere Zeit nicht unmodern wird.[310]

6.2. Merkmale einer Kanzlei-Internetpräsentation

---

[303] Vgl. Schwalm, T., Domain, 1997, S. 84.
[304] Vgl. Roll, O., Marketing, 1996, S. 132.
[305] Vgl. Lemay, L./Murphy, B.K., Web-Seiten, 1997, S. 75.
[306] Vgl. Strömer, T.H., Online-Recht, 1997, S. 137.
[307] Vgl. Roll, O., Marketing, 1996, S. 137.
[308] Vgl. Scheuerl, W., NJW 1997, S. 1292.
[309] Vgl. Wittsiepe, R., Praxisbericht, 1998, S. 33.
[310] Vgl. Achterholt, G., Identity, 1991, S. 104.

Die klassischen Medien bringen ihre Werbebotschaft zum Kunden, z.B. mit Hilfe einer Broschüre. Im WWW ist dies gerade umgekehrt: Die Werbung wird bereitgestellt und kann abgerufen werden. Damit ein Engagement im Internet erfolgreich ist, sollte die Präsentation deshalb besonders interessant und attraktiv gestaltet sein, und die Möglichkeiten des WWW sollten genutzt werden.[311] Allerdings ist es nicht möglich, zu spezielle Hinweise für die kreative Gestaltung der Seiten zu geben, da gerade die **Einzigartigkeit** der Präsentation - wie auch der Produkte (unique selling proposition) - einen entscheidenden Erfolgsfaktor darstellt.[312] So ist es zu empfehlen, ein Copyright in folgender Form auf jede Seite unten einzufügen: "© [Jahr der Veröffentlichung], [Name des Autors]"; dies hat zwar rechtlich relativ wenig Bedeutung, da das Urheberrecht auch ohne diesen Hinweis geschützt ist, es unterstreicht aber die Einzigartigkeit der Seiten.[313]

Die **Attraktivität** einer Seite beginnt mit einer kurzen Ladezeit. Dateien sollten möglichst klein sein: Bilder komprimiert und nicht zu groß,[314] Dokumente nicht zu lang.[315] Um individuelle Kundenorientierung zu demonstrieren, kann der Steuerberater eine ansprechend gestaltete "Text-only-Version" alternativ anbieten,[316] wobei allerdings auf seitenlange Fließtexte verzichtet werden sollte.[317] Die regelmäßige Darstellung von bestimmten Elementen[318] auf den verschiedenen Seiten verschafft der Kanzleivorstellung ein einheitliches Aussehen.

Die Steigerung der **Aufmerksamkeit**[319] geschieht mit Hilfe von Stimuli. Als Stimuli wirken beispielsweise bestimmte Farben bzw. Kontraste und Bewegung.[320] Auf der Homepage kommen hierbei Rahmen oder Umrandungen,[321] Fotos, animierte Grafiken, der Einsatz von Laufschriften oder die Verwendung von aktivierenden Farben in Frage. Diese Art der Aufmerksamkeitssteigerung kann jedoch leicht reklamehaft wirken und ist deswegen nur bedingt geeignet für den Einsatz durch den

---

[311] Vgl. Dreyer, W., Online-Angebote, 1996, S. 184.
[312] Vgl. Roll, O., Marketing, 1996, S. 123.
[313] Vgl. Strömer, T.H., Online-Recht, 1997, S. 125 und 126.
[314] Vgl. Neumeier, F., com! 4/1997, S. 46.
[315] Siehe hierzu Roll, O., Marketing, 1996, S. 127.
[316] Vgl. Roll, O., Marketing, 1996, S. 132.
[317] Vgl. Pawlowitz, N., Internet, 1997, S. 82.
[318] Z.B. Logo oder Navigationsleiste.
[319] Vgl. AIDA-Schema, Kapitel 4.5., S. 21.
[320] Vgl. Behrens, G., Aufmerksamkeit, 1992, S. 48.
[321] Vgl. Rogge, H.J., Werbung, 1993, S. 275.

Steuerberater. Neben den grafischen Elementen wird das Involvement dadurch erhöht, daß der potentielle Mandant zur gedanklichen Aktivität angereizt wird.[322] Dies kann beispielsweise durch den Einsatz von - berufsbezogenen - Wortspielen geschehen.

Auch die **Interaktivität** des Mediums unterstützt die "Ich-Beteiligung" des Internetnutzers. Durch die Verwendung von Hyperlinks, die Integration eines Gästebuches oder die Möglichkeit zur Kontaktaufnahme per E-Mail wird das Engagement gefördert und somit die Behaltensleistung erhöht.[323] Hyperlinks dürfen nicht zu sachfremden Internetangeboten führen.[324] Eine Auswahl an interessanten, erlaubten Links kann die Zugriffszahl zur eigenen Homepage steigern.[325]

Durch die Wahl einer logischen, möglichst kurzen URL wird eine **einfache Bedienung** unterstützt.[326] Das Angebot selbst sollte zu dem gleichen Zweck gut strukturiert, d.h. in mehreren Ebenen aufgebaut sein.[327] Eine auch für den Betrachter überschaubare Organisation der Inhalte verbessert die **Übersichtlichkeit**; gesuchte Daten können schnell und somit kostengünstig gefunden werden.[328] Die Verständlichkeit der Navigationselemente wird durch die Verwendung von Icons (kleinen Bildsymbolen) gesteigert.[329]

Mit dem Internet können Mandanten auf der ganzen Welt erreicht werden. Gehören auch Personen, die nicht die deutsche Sprache beherrschen, zum Zielsegment des Steuerberaters, so ist eine ergänzende Darstellung des Angebotes in der entsprechenden Fremdsprache sinnvoll.[330] Durch diese **Mehrsprachigkeit** des Angebots wird das Marktpotential des Internets besser ausgenutzt. Die alternative Darstellung ist jedoch nur sinnvoll, wenn der Steuerberater der entsprechenden Sprache mächtig ist und eingehende Anfragen oder Aufträge auch bearbeiten kann.

Um die **Auffindbarkeit** zu verbessern, sind auf den ersten Zeilen der Web-Seiten die wesentlichen Stichworte zu plazieren, da manche Suchmaschinen - mit Hilfe von Ro-

---

[322] Vgl. Kroeber-Riel, W./Weinberg, P., Konsumentenverhalten, 1996, S. 338.
[323] Vgl. Hasebrook, J., Multimedia-Psychologie, 1995, S. 59.
[324] Vgl. Kapitel 5.2.3., S. 28.
[325] Vgl. Ernst, S., NJW-CoR 1997, S. 226.
[326] Vgl. Strömer, T.H., Online-Recht, 1997, S. 53.
[327] Siehe hierzu Kröger, D., Internet, 1998, S. 66.
[328] Vgl. Dreyer, W., Online-Angebote, 1996, S. 191.
[329] Vgl. Hasebrook, J., Multimedia-Psychologie, 1995, S. 218.
[330] Vgl. Meisel, B.S./Scheurer, S., INF 1998, S. 57.

bots - nur diesen Bereich durchsuchen, um ein Angebot in ihre Datenbank aufzunehmen. Die Arbeitsgenauigkeit der Robots kann erhöht werden, indem ein "<META>-Tag"[331] in das WWW-Dokument eingefügt wird. Dies ist beim Betrachten der Seite nicht sichtbar und kann die gewünschten Stichworte bzw. Suchbegriffe - unabhängig vom tatsächlichen Inhalt der Seite - enthalten.[332]

Jede Seite sollte mit einem "<TITLE>-Tag" versehen werden. Der in dieser Befehlszeile enthaltende Text wird bei den meisten Browsern in der Titelleiste des Fensters angezeigt[333] und ist Textgrundlage für sogenannte "Bookmarks" (elektronische Lesezeichen). Er sollte die Seite treffend charakterisieren und den Namen der Kanzlei enthalten.[334]

Ein wesentlicher Vorteil gegenüber einer Praxisbroschüre auf Papier ist die Flexibilität einer Internet-Präsentation, die eine hohe **Aktualität** der Informationen erlaubt. Dies verbindet sich jedoch mit einem entsprechenden Anspruch. Durch sich ändernde Informationen werden Dienstleistungsnachfrager dazu bewegt, die Seiten des Steuerberaters mehrmals aufzurufen. Auf diese Weise wird der Leser durch das Angebot auch den Anbieter näher kennenlernen und so eventuell Vertrauen gewinnen. Neben der Einbindung von neuen Informationen müssen alte, überholte Dokumente aus der Präsentation entfernt werden.[335] Durch die Angabe des "Datums der letzten Änderung" wird die Aktualität des Angebots für den Betrachter - in positiver oder negativer Weise - hervorgehoben.

Es ist zudem möglich, auf einem Bereich oder Feld einer Seite mehrere Bilder bzw. Texte zu hinterlegen. Bei einem Seitenaufruf wird nach dem Zufallsprinzip ein Bild bzw. Text davon ausgewählt und gibt der Seite ein eigenständiges Aussehen; das Angebot wirkt auch bei mehrmaligem Besuch aktuell und abwechslungsreich.[336]

6.3. Inhalt einer Kanzlei-Internetpräsentation

Im folgenden sollen nun mögliche Inhalte einer Internet-Kanzleipräsentation beispielhaft vorgestellt werden.[337] Selbstverständlich ist es vorteilhaft, Inhalte in

---

[331] Vgl. Neumeier, T., com! 6/1997, S. 63.
[332] Vgl. Eichler, A./Helmers, S./Schneider, T., BB 1997, Beilage zu Heft 48, S. 24.
[333] Vgl. Ramm, F., Publizieren, 1996, S. 136.
[334] Vgl. Schwalm, T., Domain, 1997, S. 298.
[335] Vgl. Dreyer, W., Online-Angebote, 1996, S. 191.
[336] Vgl. Dreyer, W., Online-Angebote, 1996, S. 189 und 190.
[337] Siehe hierzu auch Merz, G., Marketing, 1995, S. 295-299.

verständlicher Weise zu vermitteln.[338] Eine gute Gliederung und Struktur mit verschiedenen Ebenen erleichtert die Navigation auf den Seiten und das Auffinden der gesuchten Inhalte.[339] Folgende Architektur ist denkbar:

Abb. 4: Präsentationsstruktur

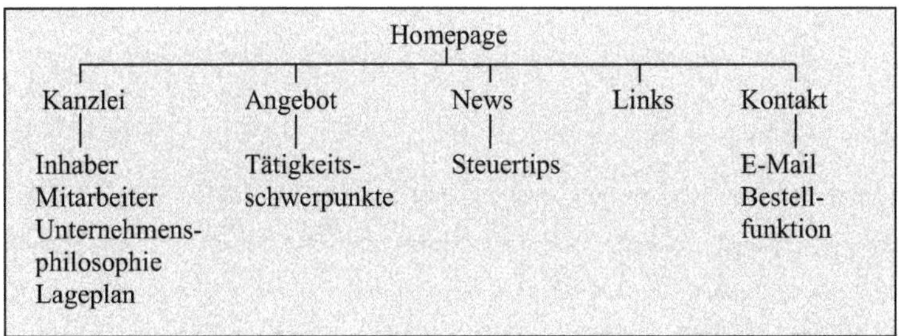

Der Dienstleistungsnachfrager sollte dem Steuerberater von jeder Seite aus eine Nachricht über E-Mail schreiben[340] und mit Hilfe eines Links zur Eingangsseite zurückkehren können.[341] Eine hohe Qualität der Informationen kann dafür sorgen, daß der Besucher die Visite der virtuellen Kanzleivorstellung nicht bereut und eventuell zum Mandant wird.

6.3.1. Eingangsseite mit Inhaltsübersicht - Homepage

Die erste Seite der Präsentation ist besonders wichtig, da sich hier entscheiden kann, ob der Besucher das Angebot näher erkunden will oder nicht.[342] Sie sollte attraktiv gestaltet sein und Interesse für die weiterführenden Seiten wecken. Zu diesen Zweck enthält sie regelmäßig Links.[343]

6.3.2. Vorstellung des Kanzleiinhabers

Der Mandant soll auf dieser Seite den Steuerberater kennenlernen und Vertrauen in seine Kompetenz gewinnen. Empfehlenswert ist dazu ein Photo und ein Lebenslauf, der den beruflichen Werdegang verdeutlicht. Damit eng verknüpft ist eventuell die

---

[338] Nach Schulz von Thun sind dabei vier Gesichtspunkte zu beachten: 1. Einfachheit, 2. Gliederung/Ordnung, 3. Kürze/Prägnanz und 4. Zusätzliche Stimulanz, siehe hierzu Schulz von Thun, F., Reden, 1996, S. 142.

[339] Vgl. Kröger, D., Internet, 1998, S. 66.

[340] Vgl. Roll, O., Marketing, 1996, S. 126.

[341] Vgl. Schmid, C., Web-Design, 1997, S. 54.

[342] Vgl. Fuzinski, A.D.U./Meyer, C., Marketing, 1997, S. 213.

[343] Vgl. Kröger, D., Internet, 1998, S. 66.

Geschichte der Kanzlei, die darin eingefügt werden kann. Anmerkungen zu Vortrags-
oder Lehrtätigkeiten können dem Besucher Hinweise auf das vorhandene Fachwissen geben (§ 40 II BOStB) und so das Vertrauen stärken.

Der Steuerberater sollte zum Kontakt ermuntern. Der Internetnutzer kann über E-Mail hier nähere Informationen anfordern, Kritik üben oder Termine vereinbaren.

6.3.3. Vorstellung der Mitarbeiter

Auf einer Seite kann das Kanzleiteam vorgestellt werden. Ausbildungswege der einzelnen Mitarbeiter können hier wiedergegeben werden. Auf stattfindende Mitarbeiterschulungen und Fortbildungsprogramme sollte hingewiesen werden, damit das Potential der Mitarbeiter deutlich wird. Ein Bild des Kanzleiteams kann die Seite auflockern und die Hemmschwelle zu einem Kontakt verringern.

6.3.4. Dienstleistungsangebot

Den potentiellen Mandanten wird es interessieren, welche Tätigkeiten von der Kanzlei ausgeführt werden können. Neben den originären Aufgaben des Steuerberaters dürfen laut § 19 BOStB auch Tätigkeitsschwerpunkte genannt werden. Diese müssen sich auf Teilgebiete beziehen, d.h. daß "Steuerberatung" nicht ein Tätigkeitsschwerpunkt im Sinne dieser Vorschrift ist. Die Berufsordnung der Steuerberater begrenzt die Zahl der Gebiete nicht ausdrücklich. Nach Mittelsteiner ist die Angabe von erheblich mehr als fünf Schwerpunkten als irreführend anzusehen.[344] Für das Marketing ist es wichtig, Stärken der Kanzlei im Bezug auf das Dienstleistungsangebot herauszuarbeiten und darzustellen.[345] Hierbei sind auch Hinweise auf Kooperationen mit anderen Steuerberatern, Rechtsanwälten oder internationalen Organisationen zu nennen.[346] Der Steuerberater darf darüber informieren, daß er mit DATEV-Programmen arbeitet[347] und Angaben über die Höhe der Gebühren machen.[348]

---

[344] Vgl. Mittelsteiner, K.-H., DStR 1997, Beihefter zu Heft 43, S. 9.
[345] Vgl. Fuzinski, A.D.U./Meyer, C., Marketing, 1997, S. 53.
[346] Dies ist erlaubt nach § 12 II Nr. 3 BOStB.
[347] Vgl. LG Hannover vom 02.12.1996, 44 StL 4/95, Stbg 1997, S. 263 (263).
[348] Vgl. Kleine-Cosack, M., INF 1996, S. 695.

6.3.5. Kanzleiphilosophie

Die Unsicherheit des Mandanten bei der Wahl eines Steuerberaters kann auch durch die Vorstellung der Kanzleiphilosophie verringert werden. Hier wird die Wertbasis für das Denken und Handeln der Kanzlei vorgestellt.[349] Eine schriftlich fixierte Kanzleiphilosophie ist meiner Erfahrung nach bei Steuerberatern nicht sehr verbreitet; der Steuerberater kann sich - bei Vorhandensein - in positiver Weise von der Konkurrenz abgrenzen. Erläutert ist darin üblicherweise das Verhalten gegenüber den Mandanten und Mitarbeitern.[350] Als Verstärkung kann hier ein Hinweis auf eine vorhandene Zertifizierung - insbesondere nach DIN ISO 9001 und 9002 - die Glaubwürdigkeit unterstützen.[351]

6.3.6. Aktuelle Steuertips

Ein wiederholter Aufruf der Kanzleiseiten ist wünschenswert.[352] Dieser kann gefördert werden, indem sich die Seiten öfter verändern und Informationen aktualisiert werden. Zu diesem Zweck eignet sich besonders eine Seite mit aktuellen Steuertips. Der Besucher hat hiervon - bei guter inhaltlicher Qualität - einen tatsächlichen Nutzen. Durch einen kurzen Aktualisierungsrhythmus wird ein mehrmaliger Aufruf gefördert. Diese Seite muß jedoch sehr gut gepflegt werden, da sonst die Folgen von enttäuschten Erwartungen[353] - wenn "aktuelle Steuertips" nicht aktuell sind - dem Reputationsaufbau nicht förderlich sind.

Die üblichen Rundschreiben, die ebenfalls aktuelle Informationen enthalten, können den Mandanten auch per Mail zugestellt werden.[354] Dies geschieht mit Hilfe von Mailing-Listen für den Steuerberater kostengünstig und schnell. Durch die Einbindung eines Bestellformulars auf dieser Seite können Nicht-Mandanten diese Rundschreiben in Papierform anfordern oder sich in die Mailing-Liste eintragen lassen, so daß sie auf Wunsch regelmäßig einen E-Mail-Newsletter erhalten.

6.3.7. Ortsbeschreibung

---

[349] Vgl. Nieschlag, R./Dichtl, E., Hörschgen, H., Marketing, 1997, S. 880.

[350] Vgl. Ossola-Haring, C., Erfolgsfaktoren, 1996, S. 38.

[351] Siehe hierzu Peemöller, V.H./Husmann, R., Blick durch die Wirtschaft 1996, S. 11. Berufsrechtlich ist die Zertifizierung in § 20 i.S.d. § 4 III i.V.m. § 22 BOStB gere-gelt.

[352] Vgl. Meisel, B.S./Scheurer, S., INF 1998, S. 57.

[353] Diese beeinflussen die Einstellung.

Um einem Interessenten einen realen Besuch in der Kanzlei zu erleichtern, kann z.B. ein Ausschnitt eines Stadtplans oder eine Anfahrtsskizze im Internet veröffentlicht werden. Ein Hinweis auf Parkmöglichkeiten ist ebenso empfehlenswert wie eine Wegbeschreibung unter Berücksichtigung verschiedener Verkehrsmittel.

Es ist zudem möglich mit Hilfe von Software aus dem Internet eine Fahrtroute berechnen zu lassen. Der Mandant gibt seine Postleitzahl oder seinen Wohnort an und bekommt nach kurzer Zeit eine Straßenkarte mit einer Wegbeschreibung auf seinen Bildschirm   (gesehen   bei   http://www.weberonline.de/werksverkauf.html, 26.02.1998).

Photos der Stadt, in der die Kanzlei sitzt, dürfen im Rahmen der Präsentation ebenso erscheinen wie auch Ansichten der Büroräume von außen und innen.[355]

6.4. Beispiel

Im folgenden wird eine Auswahl von WWW-Seiten der Musterkanzlei des Steuerberaters Max Mustermann dargestellt. Es sei hier nochmals betont, daß jede Kanzlei-Präsentation einzigartig sein sollte und es sich hier ganz bewußt um *ein* Beispiel handelt. Im folgenden wird das Unternehmen kurz charakterisiert.

Max Mustermann ist ein Steuerberater mit vier Angestellten. Er hat sich auf das Erbrecht spezialisiert und berät vorwiegend Selbständige und Kleinunternehmer.

Die Struktur seiner Präsentation entspricht der Architektur aus Abb. 4 und ist entsprechend in drei Ebenen aufgebaut. Aus jeder Ebene wird nachfolgend eine Beispielseite dargestellt; diese Seiten können mit Hilfe der beiliegenden Diskette auch auf dem Computer betrachtet werden. Zum Aufruf der Homepage ist die Datei "index.htm" mit Hilfe eines Browsers zu öffnen.

Der relativ helle Hintergrund sorgt in Verbindung mit der schwarzen Schrift für einen verhältnismäßig starken Kontrast und damit für eine gute Lesbarkeit. Alle Seiten weisen sich wiederholende Gestaltungsmerkmale auf. Das Kanzleilogo ist jeweils rechts oben, die Kanzleiadresse links unten eingefügt. Durch die Integration der E-Mail-Adresse ist der Steuerberater von jeder Seite aus zu erreichen. Außerdem findet sich auf jeder Seite das Datum der letzten Aktualisierung sowie der Hinweis auf das Urheberrecht. Es wurde ferner darauf geachtet, daß die Möglichkeit besteht,

---

[354] Vgl. Kröger, D., Internet, 1998, S. 62.

von jeder Seite der Kanzleipräsentation mit einem Mausklick zurück zur Homepage zu gelangen. Auf der linken Seite des Bildschirms ist eine Navigationsleiste, mit deren Hilfe der Interessierte komfortabel andere Teile der Präsentation aufrufen kann, eingerichtet.

Abb. 5: Kanzlei-Homepage

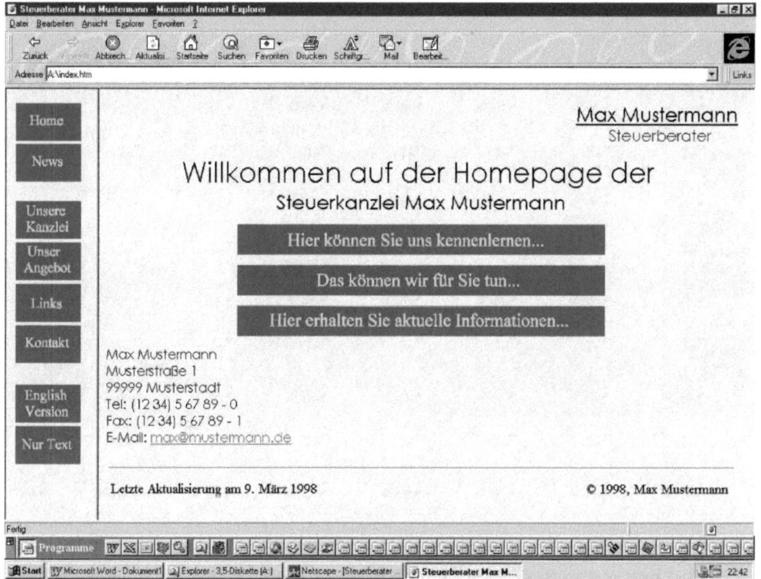

Die Abb. 5 zeigt die Kanzlei-Homepage als Startseite der Präsentation. Sie enthält Links zur Kanzlei-Seite, zur Seite, die das Dienstleistungsangebot vorstellt und zu einer Seite, mit deren Hilfe der Internetnutzer aktuelle Steuerinformationen aufrufen kann. Die genannten Hyperlinks befinden sich zusätzlich auf der Navigationsleiste ("Unsere Kanzlei", "Unser Angebot", "News"). Sie wurden auch auf der Homepage plaziert, weil durch die größere Fläche eine persönliche Ansprache möglich ist. Die verwendeten Balken benötigen keinen großen Speicherplatz und sind mit einem "<Alt>-Tag" versehen, um das Laden der Seite möglichst kurzweilig zu arrangieren. Die klare, informative Gestaltung ermöglicht es, sich schnell einen Überblick über die Präsentation zu verschaffen. Durch Klicken auf den Balken "Hier können Sie uns

---

[355] Vgl. Schopen, K./Gumpp, W./Schopen, M., NJW-CoR 1996, S. 115.

kennenlernen..." gelangt man zu einer Seite der zweiten Ebene, der "Kanzlei-Seite" (Abb. 6).

Abb. 6: Kanzlei-Seite

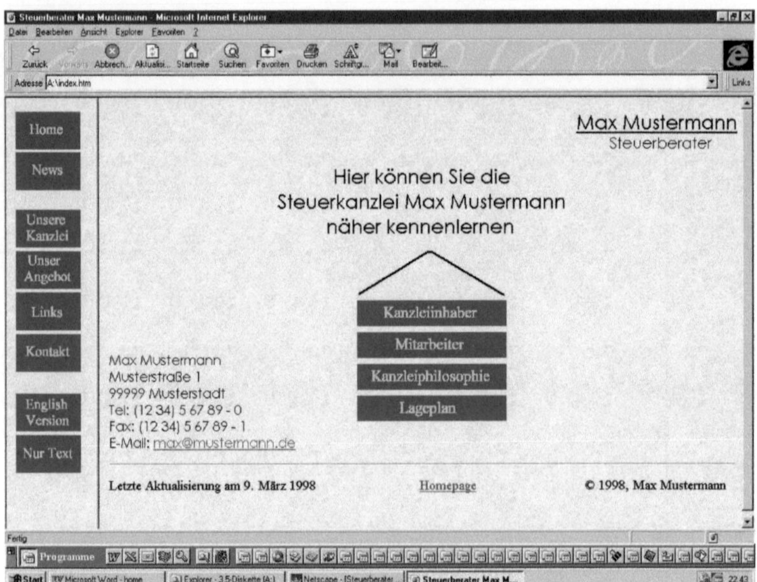

Hier finden sich vier Verweise, die zu Seiten führen, die das Kennenlernen der Kanzlei zum Gegenstand haben. Die Balken skizzieren zusammen mit dem - durch zwei Striche angedeuteten - Dach das Gebäude der Kanzlei. Hierbei handelt es sich um ein gestalterisches Element, das meiner Meinung nach jedoch keine besondere Anlok-kungswirkung aufweist und keine reißerischen Züge erkennen läßt.[356] Es ist denkbar, eine ähnliche Darstellung auch auf der Seite eines Lehrstuhles einer Universität zu finden. Dies kann als Maßstab zur Beurteilung der Zulässigkeit dienen.[357]

Die Vorstellung des Kanzleiinhabers (Abb. 7) ist eine Seite aus der dritten Ebene, zu der man durch Anklicken des Buttons "Kanzleiinhaber" gelangt.

---

[356] Siehe hierzu LG Nürnberg-Fürth vom 12.02.1997, 3 O 33/97, NJW-CoR 1997, S. 229 (230).

[357] Siehe hierzu LG Trier vom 19.09.1996, 7 HO 113/98, Stbg 1996, S. 509 (511).

Der relativ lange Text des Lebenslaufs wird mit einer Schrift mit Serifen wiedergegeben, was die Lesbarkeit verbessert. Zur optischen Auflockerung wurden drei Textblöcke gebildet und das Photo von Max Mustermann eingefügt. Die mittlere Größe des Bildes ermöglicht eine verhältnismäßig kurze Übertragungszeit.

Abb. 7: Kanzleiinhaber-Seite

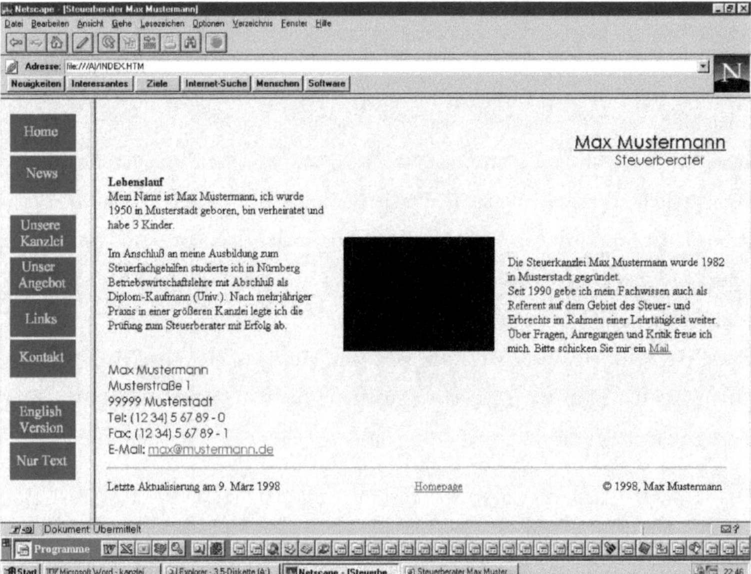

Durch die direkte, offene Aufforderung zur Kontaktaufnahme im Text wird die Hemmschwelle verringert, mit dem Steuerberater in Verbindung zu treten.

7. Nutzen einer Kanzlei-Präsentation im WWW

Grundsätzlich scheint das WWW geeignet zu sein, als zusätzliches Instrument die Marketingaktivitäten des Steuerberaters zu unterstützen. Es erlaubt, aktuelle Informationen schnell und kostengünstig einem relativ großen Publikum weltweit zugänglich zu machen. Bei einer kleinen Kanzlei wird die Internationalität des Mediums im Hinblick auf die Werbemaßnahmen jedoch eine geringere Rolle spielen, da der Mandantenkreis in der Regel aus Deutschland kommt. Für Ratsuchende ist der Steuerberater rund um die Uhr über E-Mail zu erreichen; dieser bekommt die Informationen direkt an seinen Arbeitsplatz. Standortnachteile einer Kanzlei können durch die Präsenz eines Angebots im Internet gegebenenfalls vermindert werden; durch die geographische Erweiterung ist unter Umständen auch eine Spezialisierung möglich.[358] In Deutschland ist das Internet noch nicht sehr verbreitet, das Wachstum jedoch äußerst dynamisch, so daß sich die Reichweite ständig erhöht. Mit zunehmendem Zeitlauf wird eine steigende Zahl von Steuerberatern das Internet für Marketingzwecke nutzen, so daß der Wettbewerb hier stärker werden wird. Dies würde für einen möglichst raschen Einstieg sprechen.

Das Leistungspotential der Kanzlei kann im WWW dargestellt werden, indem beispielsweise der Kanzleiinhaber und die Mitarbeiter vorgestellt werden. Dadurch kann die vorhandene Unsicherheit, die aufgrund des Informationsdefizits beim Dienstleistungsnehmer besteht, vermindert werden. Durch sein Engagement im Internet dokumentiert der Steuerberater außerdem Innovationsfreudigkeit, was zu einer positiven Unternehmensreputation beitragen kann. Der Einsatz von E-Mail erleichtert die Kommunikation und somit den Vertrauensaufbau-Prozeß. Der elektronische Briefkasten sollte aber nicht nur zu diesem Zweck, sondern auch aus rechtlichen Gründen täglich geleert werden: Im Fall einer Ablehnung eines eingegangenen Auftrages, muß dies gemäß § 663 BGB unverzüglich angezeigt werden.[359]

Ein gut gepflegtes WWW-Angebot, das oft aktualisiert wird, erhöht den Nutzen für den Besucher. Auf eine hohe Qualität ist unbedingt zu achten, da die Internetnutzer eine entsprechende Erwartungshaltung haben, die nicht enttäuscht werden sollte.[360]

Die Erwartungen seitens des Steuerberaters an die Werbemaßnahmen im Internet müssen realistisch sein: Aus den USA ist bekannt, daß durch Werbemaßnahmen, die dort erlaubt sind, nur ca. 5 % der Neumandate akquiriert werden. Die meisten Mandanten kommen zu einem Steuerberater aufgrund von Empfehlungen.[361] Unter diesem Gesichtspunkt verliert das Marketing im Internet etwas an Bedeutung. Andererseits kann ein Engagement im Internet einen Mandanten dazu veranlassen, seinen Steuerberater weiterzuempfehlen. So ist der Nutzen praktisch nicht meßbar, und auf die Frage, ob sich der Aufwand lohnt, gibt es keine eindeutige Antwort.

---

[358] Vgl. Wittsiepe, R./Friemel, M., NWB 1996, S. 3342.
[359] Vgl. Strömer, T.H., Online-Recht, 1997, S. 110.
[360] Vgl. Kinnebrock, W., Multimedia, 1994, S. 81.
[361] Vgl. Lutz, D., Marketing, 1995, S. 15.

Als ermunterndes Beispiel sei zum Schluß erwähnt, daß in einem Forum berichtet wurde, daß ein bekannter Journalist als Voraussetzung für eine Mandatserteilung ein Engagement im Internet gefordert hatte.[362]

---

[362] Vgl. Leistenschneider, DSWR 1996, S. 86.

Anhang

Abb. 8: Wachstum des Internets

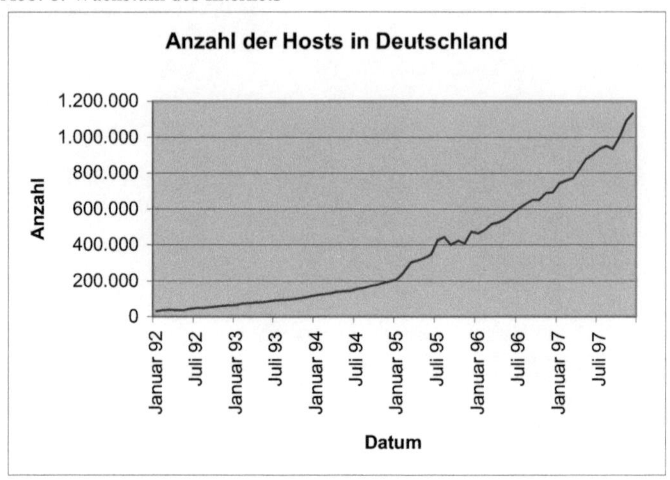

Quelle des Zahlenmaterials: DENIC: Hostzahlen, http://www.nic.de/
Netcount/data/netStatHost.dat, o.J., 26.02.1998

Abb. 9: Monatliches Wachstum

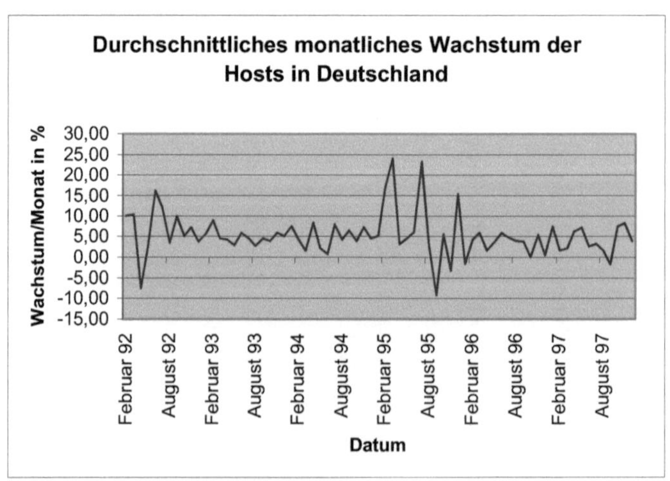

Quelle des Zahlenmaterials: DENIC: Hostzahlen, http://www.nic.de/
Netcount/data/netStatHost.dat, o.J., 26.02.1998

Anhang

Tab. 2: Stufen der Werbewirkung

Autor	Stufe I	Stufe II	Stufe III	Stufe IV	Stufe V	Stufe VI
Behrens	Berührungs-erfolg	Beeindruk-kungserfolg	Erinne-rungserfolg	Interesse-weckungs-erfolg		Aktions-erfolg
Colley	Bewußtheit	Einsicht	Überzeu-gung			Handlung
Fischer-koesen	Bekanntheit	Image	Nutzen (erwarung)	Präferenz		Handlung
Hotchkiss	Aufmerk-samkeit, Interesse	Wunsch	Überzeu-gung			Handlung
Kitson	Aufmerk-samkeit	Interesse	Wunsch	Vertrauen	Entschei-dung	Handlung und Zufrie-denheit
Kotler	Bewußtheit	Wissen		Bevorzu-gung		Loyalität
Lavidge, Steiner	Bewußtheit	Wissen	Zuneigung	Bevorzu-gung	Überzeu-gung	Kauf
Lewis (AIDA-Regel)	Aufmerk-samkeit	Interesse	Wunsch			Handlung
Meyer	Bekannt-machung	Information	Hinstim-mung			Handlungs-anstoß
Seyffert	Sinneswir-kung	Aufmerk-samkeits-wirkung	Vorstell ungswir-kung	Gefühls-wirkung	Gedächtnis-wirkung	Willens-wirkung

<u>Quelle:</u> Freter, H.W., Mediaselektion, Dissertation, Höxter 1972, S. 39

Anhang

Beispieldiskette

Zum Laden der Homepage der Steuerkanzlei Max Mustermann bitte die Datei "index.htm" mit Hilfe eines Browsers öffnen.

Literaturverzeichnis

Achterholt, G. (Identity, 1991): Corporate Identity, 2. Aufl., Wiesbaden 1991

Back-Hock, A./Wagner, J.: Internet und World Wide Web, in: DSWR 1996, S. 78-81

Batinic, B./Bosnjak, M./Breiter, A.M. (Internetler, 1997): Der "Internetler" in: Gräf, L./Krajewski, M., Soziologie des Internet, Frankfurt/New York 1997

Behrens, G. (Aufmerksamkeit, 1992): Aufmerksamkeit, in: Diller, H. (Hrsg.), Vahlens Großes Marketing Lexikon, München 1992, S. 47-48

Behrens, G. (Werbung, 1996): Werbung, München 1996

Blana, H. (Herstellung, 1986): Die Herstellung, Grundwissen Buchhandel – Verlage, Band 5, München u.a. 1986

Böttges-Papendorf, D. (Internet, 1997, WWW-Dokument): Steuerberater im Internet, http://www.vrp.de/so0997/edv/en761.htm, 1997, 26.02.1998

Bruhn, M. (Multimedia-Kommunikation, 1997): Mulitmedia-Kommunikation, München 1997

Bundessteuerberaterkammer (Anforderungprofil, 1995): Anforderungsprofil des Steu-erberaters, 2. Aufl., Bonn 1995

Canter, L.A./Siegel, M.S. (Profit, 1995): Profit im Internet, Düsseldorf/München 1995.

Clasen, R./Wallbrecht, D.U./Ossola-Haring, C. (Internet, 1997): Internet für Steuerberater, Neuwied/Kriftel/Berlin 1997

Coenenberg, A./Marten, K.-U.: Der Wechsel des Abschlußprüfers, in: DB 1993, S. 101-110

Darby, M.R./Karni, E.: Free Competition and the Optimal Amount of Fraud, in: The Journal of Law and Economics, 1973, Band 1, S. 67-88

DENIC (Hostzahlen, o.J., WWW-Dokument): Hostzahlen, http://www.nic.de/ Netcount/data/netStatHost.dat, o.J., 26.02.1998

DENIC (Fragen, 1998, WWW-Dokument): Ihre häufigsten Fragen, unsere Anworten, http://www.nic.de/fragen.html, 1998, 26.02.1998

DENIC (Wachstum, 1998, WWW-Dokument): Das Wachstum des Internet, http://www.nic.de/Netcount/netStatOverview.html, 1998, 14.03.1998

Diller, H./Kusterer, M.: Beziehungsmanagement – Theoretische Grundlagen und explorative Befunde, in: MARKETING ZFP 1988, S. 211-220

Dreyer, W. (Online-Angebote, 1996): Die Gestaltung von Online-Angeboten, in: Hünerberg, R./Heise, G./Mann, A., Handbuch des Online-M@rketing, Landsberg/Lech 1996, S. 183-195.

Ebbing, F.: Virtuelle Rechtsberatung und das anwaltliche Werbeverbot, in: NJW-CoR 1996, S. 242-248

Eichler, A./Helmers, S./Schneider, T.: Link(s) - Recht(s), in: BB 1997, Beilage zu Heft 48, 1997, S. 23-26

Elbracht, D.: Erkennbarkeit und Lesbarkeit von Zeitungsschriften, in: ARCHIV für Drucktechnik 1967, September, S. 24-28

Engelhardt, W.H./Kleinaltenkamp, M./Reckenfelderbäumer, M.: Leistungsbündel als Absatzobjekte - Ein Ansatz zur Überwindung der Dichotomie von Sach- und Dienstleistungen, in: ZfbF 1993, S. 395-426

Ernst, S.: Rechtliche Fragen bei der Verwendung von Hyperlinks im Internet, in: NJW-CoR 1997, S. 224-228

Fittkau, S./Maaß, H. (Okt-Nov 1995, 1997, WWW-Dokument): Ergebniszusammenfassung der W3B-Umfrage Oktober-November 1995, http://www.w3b.de/W3B-1995/Okt-Nov/Ergebnisse/Zusammenfassung.html, 1997, 26.02.1998

Fittkau, S./Maaß, H. (April-Mai 1996, 1997, WWW-Dokument): Ergebniszusammen-fassung der W3B-Umfrage April-Mai 1996, http://www.w3b.de/W3B-1996/April-Mai/Ergebnisse/Zusammenfassung.html, 1997, 26.02.1998

Fittkau, S./Maaß, H. (Okt-Nov 1996, 1997, WWW-Dokument): Ergebniszusammenfassung der W3B-Umfrage Oktober-November 1996, http://www.w3b.de/W3B-1996/Okt-Nov/Ergebnisse/Zusammenfassung.html, 1997, 26.02.1998

Fittkau, S./Maaß, H. (April-Mai 1997, 1997, WWW-Dokument): Ergebniszusammen-fassung der W3B-Umfrage April-Mai 1997, http://www.w3b.de/W3B-1997/April-Mai/Zusammenfassung.html, 1997, 26.02.1998

Fittkau, S./Maaß, H. (Okt-Nov 1997, 1997, WWW-Dokument): Ergebniszusammen-fassung der W3B-Umfrage Oktober-November 1997, http://www.w3b.de/W3B-1997/Okt-Nov/Zusammenfassung.html, 1997, 26.02.1998

Fließ, S. (Interaktionsmuster, 1996): Interaktionsmuster bei der Integration externer Faktoren, in: Meyer, A. (Hrsg.), Grundsatzfragen und Herausforderungen des Dienstleistungsmarketing, Wiesbaden 1996, S. 1-19

Freter, H.W. (Mediaselektion, 1972): Mediaselektion, Dissertation, Höxter 1972

Fuzinski, A.D.U./Meyer, C. (Marketing, 1997): Der Internet-Ratgeber für erfolgrei-ches Marketing, Düsseldorf/Regensburg 1997

Gates, B. (Der Weg, 1995): Der Weg nach vorn, 3. Aufl., Hamburg 1995

Günter, B.: Keine Angst vor dem Markt! Das Werbeverbot für Wirtschaftsprüfer aus der Sicht des Marketing, in: WPK-Mitt. 1/1994, S. 18-23

Halaczinsky, R.: Sechstes Gesetz zur Änderung des Steuerberatungsgesetzes - Teil I, in: INF 1994, S. 503-507

Hasebrook, J. (Multimedia-Psychologie, 1995): Multimedia-Psychologie, Heidel-berg/Berlin/Oxford 1995

Hicks, J.R.: Economic Theory and the Evaluation of Consumers´ Wants, in: The Journal of Business, Chicago, 1962, S. 256-263

Hock, G.A.: Die Nutzung des Internet durch Steuerberater und Wirtschaftsprüfer, in: DSWR 1998, S. 44-48

Hudel, W. (Marketing, 1994): Marketing für Steuerberater, 2. Aufl., Ludwigsburg/Berlin 1994

Jacob, J. (Unterschrift, 1997, WWW-Dokument): Einführung einer elektronischen Unterschrift, http://www.hbv.org/dvit/bfd/kap08/08_01_01.htm, 1997, 26.02.1998

Kaas, K.P.: Marketing als Bewältigung von Informations- und Unsicherheitsproblemen im Markt, in: DBW 1990, S. 539-548

Kaas, K.P. (Informationsökonomik, 1995): Informationsökonomik , in: Tietz, B. (Hrsg.), Handwörterbuch des Marketing, Band 4, 2. Aufl., Stuttgart 1995, Sp. 971-981

Kaas, K.P./Schade, C. (Bindungsstärke, 1993): Bindungsstärke in Kooperations- und Geschäftsbeziehungen am Beispiel der Dienstleistung Unternehmensberatung, in: Thelen, E.M./Mairamhof, G.B. (Hrsg.), Dienstleistungsmarketing: Eine Bestandsaufnahme, Frankfurt am Main u.a. 1993, S. 73-99

Kellersmann, D. (Berufsrecht 1998): Berufsrecht der Steuerberater und Wirtschaftsprüfer, in: Kröger, D. (Hrsg.), Internet für Steuerberater und Wirtschaftsprüfer, geplante Veröffentlichung, Neuwied/Krieftel/Berlin 1998, S. 184-217

Keßler, R.E.: Aktuelle Entwicklungen im Steuerberatungsrecht, in: NWB 1995, S. 4049-4068

Kinnebrock, W. (Multimedia, 1994): Marketing mit Multimedia, Landsberg 1994

Kleine-Cosack, M.: Steuerberater im berufsrechtlichen Abseits: Mißachtung der Berufsfreiheit in der Praxis der Steuerberaterkammer und den Beschlüssen zur Berufsordnung - Teil I, in: INF 1996, S. 693-698

Klute, R. (World Wide Web, 1996): Das World Wide Web, Bonn/Reading/Menlo Park u.a. 1996

Knief, P. (Marktentwicklung, 1988): Die Entwicklung des Steuerberater-Marktes, in: Siemens AG (Hrsg.), Die Entwicklung des Steuerberater-Marktes, München 1988, S. 11-102

Köhler, H./Piper, H. (1995): Gesetz gegen den unlauteren Wettbewerb, bearbeitet von Piper, H., München 1995

Kroeber-Riel, W. (Konsumentenverhalten, 1992): Konsumentenverhalten, 5. Aufl., München 1992

Kroeber-Riel, W./Weinberg, P. (Konsumentenverhalten, 1996): Konsumentenverhalten, 6. Aufl., München 1996

Kröger, D. (Internet 1998): Die Steuerberater- und Wirtschaftsprüferkanzlei im Internet - konzeptionelle Umsetzung, in: Kröger, D. (Hrsg.), Internet für Steuerberater und Wirtschaftsprüfer, geplante Veröffentlichung, Neuwied/ Krieftel/Berlin 1998, S. 55-88

Krol, E. (Internet, 1995): Die Welt des Internet, 1. Aufl., Bonn 1995

Kübler, M./Struppek, H. (Web-Design, 1996): Web-Design, 1. Aufl., Heidelberg 1996

Kuhls, C./Maxl, P. (1995): Steuerberatungsgesetz, bearbeitet von Maxl, P., Berlin 1995

Levinson, J.C. (Marketing, 1996): Guerilla-Marketing online, Frankfurt/New York 1996

Luhmann, N. (Vertrauen, 1989): Vertrauen, 3. Aufl., Stuttgart 1989

Lutz, D. (Marketing, 1995): Marketing für Steuerkanzleien, München 1995

Mann, A. (Online-Service, 1996): Online-Service, in: Hünerberg, R./Heise, G./Mann, A., Handbuch des Online-M@rketing, Landsberg/Lech 1996, S. 157-179

Maxl, P.: Die Berufsordnung der Steuerberater, in: NWB 1997, S. 2837-2854

Mayer, H. (Werbepsychologie, 1993): Werbepsychologie, 2. Aufl., Stuttgart 1993

Meffert, H. (Marketingforschung, 1992): Marketingforschung und Käuferverhalten, 2. Aufl., Wiesbaden 1992

Meffert, H.: Marktorientierte Führung von Dienstleistungsunternehmen - neuere Entwicklungen in Theorie und Praxis, in: DBW 1994, S. 519-541

Meffert, H. (Dienstleistungsmarketing, 1995): Dienstleistungsmarketing, in: Tietz, B. (Hrsg.), Handwörterbuch des Marketing, Band 4, 2. Aufl., Stuttgart 1995, Sp. 454-469

Meffert, H. (Marketing, 1995): Marketing, in: Tietz, B. (Hrsg.), Handwörterbuch des Marketing, Band 4, 2. Aufl., Stuttgart 1995, Sp. 1472-1490

Meffert, H./Bruhn, M. (Dienstleistungsmarketing, 1997): Dienstleistungsmarketing, 2. Aufl., Wiesbaden 1997

Meisel, B.S./Scheurer, S.: Präsentation von Steuerberatern und Wirtschaftsprüfern im Internet, in: INF 1998, S. 52-57

Merz, G. (Marketing, 1995): Optimales Marketing für Steuerberater, Ludwigshafen 1995

Meyer, A.: Marketing für Steuerberater, in: DSWR 1990, S. 229-231

Mittelsteiner, K.-H.: Satzung über die Rechte und Pflichten bei der Ausübung der Berufe der Steuerberater und der Steuerbevollmächtigen, in: DStR 1997, Beihefter zu Heft 43, S. 1-20

Morgan, R.M., Hunt, S.D.: The Commitment - Trust Theory of Relationship Marketing, in: Journal of Marketing, Chicago, 1994, July, S. 20-38

Müller, T.R.: Das Netz der Netze nutzen, in: SteuerStud 1998, S. 6-11

Müller-Hagedorn, L. (Einstellung, 1992): Einstellung, in: Diller, H. (Hrsg.), Vahlens Großes Marketing Lexikon, München 1992, S. 251-254

Musch, J. (Geschichte, 1996, WWW-Dokument): Die Geschichte des Netzes, http://www.psychologie.uni-bonn.de/sozial/staff/musch/history.htm, 1996, 26.02.1998

Neibecker, B.: Der Ernst des Farbenspiels, in: absatzwirtschaft 1981, Nr. 6, S. 122-127

Neumeier, F.: Schrumpfen Sie Ihre Bilder!, in: com! 4/1997, S. 46-48

Neumeier, F.: Rühren Sie die Werbetrommel!, in: com! 6/1997, S. 62-63

Nieschlag, R./Dichtl, E., Hörschgen, H. (Marketing, 1997): Marketing, 18. Aufl., Berlin 1997

Oelschlegel, H.: Datenschutzkonzepte für die Kanzlei bei Nutzung von Online-Diensten, in: DSWR 1996, S. 87

Ossola-Haring, C. (Erfolgsfaktoren, 1996): Erfolgsfaktoren für die Steuerberatung, Neuwied/Kriftel/Berlin 1996

o.V.: „Konkrete Poesie" als Werbetechnik, in: K&V 1980, Nr. 3, S. 12-15

o.V.: Werbung eines Steuerberaters im Internet, in: INF 1997, S. 223-224 o.V.: Internet-Index, in: ZD Internet Professionell 1998, Februar, S. 11

Pawlowitz, N. (Internet, 1997): Marketing im Internet, Wien 1997

Peemöller, V.H./Husmann, R.: Die Zertifizierung von Steuerberatungs- und Wirtschaftsprüfungskanzleien, in: Blick durch die Wirtschaft vom 9.12.1996, Nr. 238, S. 11

Pestke, A.: Der Steuerberater am Beginn eines neuen Kommunikationszeitalters, in: Stbg 1996, S. 215-230

Pestke, A.: Der Steuerberater-Suchservice des Deutschen Steuerberaterverbandes als Hilfsmittel für Berater und Mandanten, in: Stbg 1997, S. 471-478

Platzköster, M. (Vertrauen, 1990): Vertrauen, Essen 1990

Poscharsky, N. (AIDA-Modell, 1992): AIDA-Modell, in: Diller, H. (Hrsg.), Vahlens Großes Marketing Lexikon, München 1992, S. 22

Radtke, K.: Internet für Steuerberater, in: DSWR 1996, S. 82-83

Ramm, F. (Publizieren, 1996): Recherchieren und Publizieren im World Wide Web, Braunschweig/Wiesbaden 1996

Reinhold, A. (Garantie, 1983): Garantie und Garantiepolitik – Die theoretischen Grundlagen garantiepolitischer Entscheidungen industrieller Anbieter, Dissertation, Hochheim 1983

Rengelshausen, O. (Werbung, 1997): Werbung im Internet und in kommerziellen Online-Diensten, in: Silberer, G. (Hrsg.), Interaktive Werbung, Stuttgart 1997, S. 101-145

Riehm, T.: Die Brandschutzmauer, in: NJW-CoR 1997, S. 337-342

Ring, G.: Die Werbemöglichkeiten der Steuerberater nach der Gesetzesnovelle vom 24. Juni 1994 - Teil II, in: INF 1994, S. 726-729.

Rogge, H.J. (Werbung, 1993): Werbung, 3. Aufl., Ludwigshafen 1993

Roll, O. (Marketing, 1996): Marketing im Internet, München 1996

Rosada, M. (Kundendienststrategien, 1990): Kundendienststrategien im Automobilsektor, Berlin 1990

Rose, G. (Beruf, 1989): Einführung in den Beruf des Steuerberaters, Köln 1989

RRZN Hannover (Hrsg.) (Internet, 1996): Internet, 4. Aufl., Hannover November 1996

Rück, H.R.G. (Dienstleistungen, 1995): Dienstleistungen - ein Definitionsansatz auf Grundlage des „Make or buy"-Prinzips, in: Kleinaltenkamp, M. (Hrsg.), Dienstleistungsmarketing: Konzeptionen und Anwendungen, 1. Aufl., Wiesbaden 1995, S. 3-31

Scharitzer, D.: Die Werbung bei freiberuflichen Dienstleistungen – oder „Warum es ein absolutes Werbeverbot nie gab", in: der markt 1992, S. 4-7

Scharitzer, D. (Produktgestaltung, 1995): „SERVMORPH" – die Produktgestaltung bei Dienstleistungen, in: Kleinaltenkamp, M. (Hrsg.), Dienstleistungsmarketing: Konzeptionen und Anwendungen, 1. Aufl., Wiesbaden 1995, S. 171-192

Scharl, H.-P./Niederer, T./Faltermeier, S.: Anforderungsprofil mittelständischer Unternehmer an ihren steuerlichen Berater - Ergebnisse einer empirischen Untersuchung im Bereich der IHK für München und Oberbayern, in: NWB 1998, Beilage zu Heft 4

Scheuerl, W.: Anwaltswerbung im Internet, in: Blick durch die Wirtschaft vom 28.4.1997, Nr. 81, S. 10

Scheuerl, W.: Anwaltswerbung im Internet, in: NJW 1997, S. 1291-1293

Schmid, C. (Web-Design, 1997): Einführung in das Web-Design, in: Reisser, M./Rohte, M./Wirrmann, H. (Hrsg.), Internet, Bad Honnef 1997, S. 53-59

Schmitz, Gertrud (Marketing, 1997): Marketing für professionelle Dienstleistungen: Bedeutung und Dynamik der Geschäftsbeziehungen, dargestellt am Beispiel der Wirtschaftsprüfung, Wiesbaden 1997

Schopen, K./Gumpp, W./Schopen, M.: Präsenz einer deutschen Anwaltskanzlei im Internet - (K)ein Verstoß gegen § 43b BRAO?, in: NJW-CoR 1996, S. 112-116

Schuhmann, W. (Steuerberatung, o.J., WWW-Dokument): Entwicklungstendenzen im Markt für Steuerberatung, http://www.webag.com/nwb/nwbmein9.htm, o.J., 26.02.1998

Schulz von Thun, F. (Reden, 1996): Miteinander Reden, Band 1, Reinbek 1996

Schwalm, T. (Domain, 1997): Die eigene Domain, 1. Aufl., Regensburg 1997

Späth, W.: Mandatsakquisition und Werbeverbot, in: INF 1996, S. 311-314.

Spiegel, B. (Werbepsychologie, 1970): Werbepsychologische Untersuchungsmethoden, 2. Aufl., Berlin 1970

Spremann, K.: Reputation, Garantie, Information, in: ZfB 1988, S. 613-629

Staffelbach, B.: Strategisches Marketing von Dienstleistungen, in: MARKETING ZFP 1988, S. 277-284

Stauss, B. (Beschwerdepolitik, 1989): Beschwerdepolitik als Instrument des Dienstleistungsmarketing, in: Gesellschaft für Konsum-, Markt- und Absatzforschung e.V. (Hrsg.), Jahrbuch der Absatz- und Verbrauchsforschung, Berlin 1989, S. 41-62

Strömer, T.H. (Online-Recht, 1997): Online-Recht, 1. Aufl., Heidelberg 1997

The Internet Agency (Trendanalyse, 1996, WWW-Dokument): Trend-Analyse, http://www. tia.de/gvu/295/summary.html, 1996, 26.02.1998

Trommsdorff, V. (Konsumentenverhalten, 1989): Konsumentenverhalten, Stuttgart/Berlin/Köln 1989

Weis, H.C. (Marketing, 1997): Marketing, 10. Aufl., Ludwigshafen 1997

Weniger, H.-J.: Die Anzeigenwerbung des Steuerberaters, in: Stbg 1996, S. 397-402

Werner, A./Stephan, R. (Marketing-Instrument, 1997): Marketing-Instrument Internet, 1. Aufl., Heidelberg 1997

Wittsiepe, R.: Notwendigkeit von Marketingansätzen in der Steuerberatung, in: NWB 1996, Heft 25, S. 2110-2114

Wittsiepe, R./Friemel, M.: Die Auswirkung des Internet auf die Dienstleistung Steuerberatung, in: NWB 1996, Heft 41, S. 3339-3346

Wittsiepe, R. (Praxisbericht, 1998): Praxisbericht über die Bedeutung des Internet für Steuerberater und Wirtschaftsprüfer, in: Kröger, D. (Hrsg.), Internet für Steuerberater und Wirtschaftsprüfer, geplante Veröffentlichung, Neuwied/ Krieftel/Berlin 1998, S. 13-33

Wittsiepe, R. (Entwicklungstendenzen, o.J., WWW-Dokument): Entwicklungstendenzen im Markt für Steuerberatung, http://www.webag.com/nwb/ nwbke12.htm, o.J., 26.02.1998

Woratschek, H. (Dienstleistungsbereich, 1996): Möglichkeiten und Grenzen preispolitischer Faustregeln für den Dienstleistungsbereich, in: Meyer, A. (Hrsg.), Grundsatzfragen und Herausforderungen des Dienstleistungsmarketing, Wiesbaden 1996, S. 97-124

Wortmann, T.: Wen juckt der Browser-Krieg?, in: com! 12/1997, S. 38-41

Zeithaml, V.A. (Services, 1991): How Consumer Evaluation Processes Differ between Goods and Services, in: Lovelock, C.H. (Hrsg.), Services Marketing, 2. Aufl., Englewood Cliffs, S. 39-47.

Zwimper, M. (Farbe, 1985): Farbe, Bern/Stuttgart 1985

Verzeichnis der Rechtsquellen und Verzeichnis der sonstigen Quellen

I. Verzeichnis der Gerichtsentscheidungen

Datum	Aktenzeichen	Quelle

1. Bundesverfassungsgericht

08.11.1995	1 BvR 1478/94	NJW-RR 1996, S. 439
22.05.1996	1 BvR 744/88	BVerfGE 94, S. 372-400

2. Bundesgerichtshof

07.10.1991	AnwZ (B) 25/91	NJW 1992, S. 45

3. Oberlandesgericht

OLG Dresden

05.07.1995	12 U 893/95	INF 1995, S. 704

OLG Düsseldorf

19.10.1993	20 U 8/93	Stbg 1994, S. 262-266

OLG Koblenz

07.09.1995	6 U 480/95	NJW-CoR 1996, S. 328
13.02.1997	6 U 1500/96	Stbg 1997, S. 175-176

OLG Nürnberg

23.2.1995	3 U 263/95	DStR 1995, S. 1566-1567

4. Landgericht

LG Hannover

02.12.1996	44 StL 4/95	Stbg 1997, S. 263-264

LG Nürnberg-Fürth

12.02.1997	3 O 33/97	NJW-CoR 1997, S. 229-231 INF 1997, S. 223-224

LG Zwickau

30.05.1997	3 HKO 25/97	unveröffentlichtes Urteil, zitiert in: Schuhmann, W.: Entwicklungstendenzen im Markt für Steuerberatung, http://www.webag.com/nwb/ nwbmein9.htm, o.J., 26.02.1998 (LG Plauen vom 30.05.1997)

LG Trier

19.09.1996   7 HO 113/96   Stbg 1996, S. 509-512

II. Verzeichnis der sonstigen Quellen

Bundestags-Drucksache 12/6753 vom 03.02.1994

Eidesstattliche Erklärung

Ich versichere, daß ich die Arbeit ohne fremde Hilfe und ohne Benutzung anderer als der angegebenen Quellen angefertigt habe und daß die Arbeit in gleicher oder ähnlicher Form noch keiner anderen Prüfungsbehörde vorgelegen hat. Alle Ausführungen, die wörtlich oder sinngemäß übernommen wurden, sind als solche gekennzeichnet.

Nürnberg, den 16. März 1998   ....
                                     (Unterschrift mit Vor- und Zuname)

Lebenslauf

Name: Matthias Link

Anschrift: Immelmannstraße 1, 71254 Ditzingen
                          Matthias.Link@gmx.net

Geburtsdatum: 3. Juli 1971

Geburtsort: Stuttgart

Schulbildung: 1978-1982 Grundschule in Leonberg
                          1982-1991 Eberhard-Ludwigs-Gymnasium in Stuttgart

Schulabschluß: Allgemeine Hochschulreife

Zivildienst: Juli 1991 - September 1992
                          Evangelische Gesellschaft in Stuttgart

Berufsausbildung: September 1992 - Juli 1994
                          Lehre zum Fachgehilfen in steuer- und
                          wirtschaftsberatenden Berufen

Berufsabschluß: Fachgehilfe in steuer- und wirtschaftsberatenden Berufen

Studium: seit Oktober 1994 Betriebswirtschaftslehre
                          an der Friedrich-Alexander-Universität
                          Erlangen-Nürnberg

                          Oktober 1996: Vordiplom

                          September 1997 - März 1998: Diplomarbeit